MANUEL DES BRAVES,

ou

CAMPAGNES

DES ARMÉES FRANÇAISES.

IMPRIMERIE D'Ant. BÉRAUD,
rue du Foin Saint-Jacques, No. 9.

MANUEL DES BRAVES,

ou

CAMPAGNES
DES ARMÉES FRANÇAISES

EN IRLANDE, EN ITALIE, EN SUISSE ET EN
ALLEMAGNE.

(SUPPLÉMENT.)

DÉDIÉ

AUX MEMBRES DE LA LÉGION D'HONNEUR;

Par MM. Léon THIESSÉ, Eugène B***,
ET PLUSIEURS MILITAIRES.

Orné de gravures et de cartes du théâtre de la guerre.

TOME VII.

A PARIS,

CHEZ MASSON, LIBRAIRE,
Rue Hautefeuille, N°. 14.

1823.

MANUEL DES BRAVES.

SUPPLÉMENT.

DESCENTE DES FRANÇAIS EN IRLANDE.

Aout et Septembre 1798.

Le général de division Humbert, général en chef.

Tandis que l'Angleterre soudoyait l'Europe contre la France, et au moment où ses agens entretenaient le feu de la révolte des côtes de la Manche aux bords de la Loire, elle se voyait elle-même menacée de perdre une de ses plus belles provinces, par les suites d'une guerre intestine. Le ferment séditieux, qui, depuis plusieurs siècles, avait agité l'Irlande, réunissait de nouveau de nombreux mécontens.

Dès 1791, il s'était formé à Dublin, sous le nom d'*Irlandais-Unis*, une société dont le but apparent était d'obtenir une réforme dans la législature, afin de fonder un nouvel ordre de choses dont la liberté civile, politique et religieuse, serait la base. Mais le but secret des chefs de cette association tendait à affranchir l'Irlande de la domination de l'Angleterre, et à y établir un gouvernement démocratique.

Cette société fut bientôt nombreuse : beaucoup de catholiques se réunirent à elle, et enfin, elle éveilla l'attention du gouvernement. Des mesures de rigueur, exercées contre elle en 1796, loin de l'abattre, lui donnèrent de nouvelles forces. Le Gouvernement anglais crut devoir alors comprimer l'Irlande par la terreur; et de nombreux bataillons vinrent garder les villes, et piller les campagnes.

Les *Irlandais-Unis* s'adressèrent à la France : un de leurs agens présenta au Directoire les conditions auxquelles on accepterait des secours. Elles étaient que les troupes françaises agiraient comme auxiliaires et à la solde des Irlandais-Unis, lesquels s'engageaient à rembourser tous les frais de l'armement, dès que l'Irlande serait affranchie. Le Gouvernement Français saisit cette occasion pour attaquer l'Angleterre dans ses propres foyers; et on ne douta plus qu'avant peu, on eût opéré la séparation politique de l'Irlande et de l'Angleterre. Les ordres furent envoyés à Brest pour préparer une flotte; et, de toutes parts, des troupes aguerries se dirigèrent vers ce port : Hoche, dont on connaissait les talens et l'audace, fut choisi pour diriger cette expédition dont le succès paraissait certain.

Les *Irlandais-Unis* se préparèrent à recevoir nos troupes, et ne dissimulèrent plus leurs projets ; mais les lenteurs que l'on mit dans les ports français à équiper la flotte, firent qu'elle ne mit à la voile que plus de six mois après l'époque fixée pour son apparition sur les côtes d'Irlande. Les Anglais avaient pu se préparer à la défense ; et les Irlandais-Unis, qui avaient mis leurs projets à découvert, étaient strictement observés, et ne pouvaient faire un mouvement sans se compromettre : néanmoins, ils n'avaient pas encore cru devoir arborer l'étendard de la révolte.

Vingt-cinq vaisseaux de ligne, quinze frégates et un grand nombre de bâtimens de transports portant 25,000 hommes de troupes de débarquement, sortirent enfin de Brest, le 16 décembre 1796, à la faveur d'un temps brumeux, qui les déroba à la vigilance de la croisière anglaise. Bouvet commandait l'escadre ; Richery et Bruix étaient sous ses ordres. Le temps brumeux, qui avait favorisé la sortie du port, devint bientôt funeste ; on ne put reconnaître la côte, et quelques vaisseaux allèrent se briser contre les rochers.

Le 17, une tempête horrible assaillit nos vaisseaux : les uns sont jetés à la côte ; d'autres, poussés en pleine mer, s'écartent rapidement du gros de l'escadre ; et de ce nombre est la *Frater-*

nité, que monte le général en chef. Cependant, après avoir lutté pendant huit jours contre les fureurs des vents, Bouvet et la plus forte partie de l'escadre mouillent le 24 dans la baye de Bautry. Quelques soldats prennent terre, et vont reconnaître le pays : surpris par quelques détachemens anglais, ils sont forcés de mettre bas les armes. Les officiers cependant se rendirent au bord de l'amiral Bouvet, et demandèrent qu'on leur laissât tenter le débarquement; mais celui-ci ne crut pas devoir adhérer à leur demande, et s'obstina à attendre le général Hoche, qui avait été poussé au loin par la tempête. Quelques jours se passèrent dans l'attente : les officiers réitérèrent leur demande; et Bouvet n'osa prendre sur lui la responsabilité de cette entreprise. La côte cependant était sans défense, et quelques détachemens épars firent craindre à l'amiral que l'ennemi fût en force. Enfin, il se décida à regagner les ports de France, et il rentra dans Brest, après avoir perdu deux vaisseaux et trois frégates; le reste de la flotte était très-endommagé. De son côté, Hoche avait essayé de gagner les côtes d'Irlande; mais l'escadre avait quitté les parages de Bautry, lorsqu'il y aborda. Hoche quitte à regret ce rivage; mais il était inutile de s'y arrêter. Après avoir été baloté par une affreuse tourmente, il tomba au milieu d'une flotte anglaise. Grâce à l'habileté du contre-amiral Bruix, il marcha de concert avec les vaisseaux ennemis, et fut pris par eux pour un des leurs; il gagne enfin les côtes de France; à la hauteur de l'île de Ré, il se dirigea sur la Rochelle, et entra au port le 16 janvier 1797, un mois juste après son départ de Brest. Ainsi se termina cette expédition dont on ne doit attribuer le mauvais succès qu'à la fureur des élémens. Les *Irlandais-Unis* virent avec désespoir s'évanouir leurs espérances; mais ils ne furent pas abattus, et ils persistèrent plus que jamais dans leurs desseins. Le Gouvernement redoubla de sévérité à leur égard, et bientôt les persécutions les forcèrent à prendre les armes.

Cependant, les chefs de l'association entretenaient toujours un envoyé auprès du Gouvernement français : ils demandaient qu'on tentât une seconde expédition, et promettaient de rembourser tous les frais; ils avaient besoin de 8 à 10,000 hommes, d'armes, de munitions, et même ils demandaient une avance d'argent.

A Brest, 15,000 s'embarquèrent sous les ordres du général Deaudels; mais, au moment de mettre à la voile, on jugea imprudent de se mettre en mer devant les forces anglaises qui nous observaient; et l'expédition fut remise. L'amiral Winter, qui devait sortir du Texel, et rejoindre le général Deaudels, n'ayant pas reçu de contre-ordre, partit selon les instructions; rencontré par des forces supérieures aux ordres de lord vicomte Duncan, il fut attaqué près des côtes de la Hollande, en vue de Camperdown, et sa flotte fut entièrement détruite : ce fut le 11 octobre 1797.

Tant de contre-temps ne découragèrent pas les membres de l'Union : cette société comptait plus de 500 conjurés : ils avaient créé secrètement une force armée ; les corps étaient formés, les chefs nommés ; et, au premier signal, tout le monde devait se trouver réuni à des points indiqués. Ils sollicitèrent encore le Directoire qui gouvernait la France.

Malgré quelques attroupemens et quelques escarmouches entre les troupes royales et les membres de l'Union des *Irlandais-Unis*, ils n'étaient pas en guerre ouverte ; et ce ne fut que vers le milieu de 1798, que des hostilités sérieuses eurent lieu. La France se décida alors à tenter un nouvel effort en leur faveur : des ordres furent donnés aux troupes de terre qui se réunirent à Rochefort; et le général Humbert fut désigné pour les conduire en Irlande. Ce général qui, des rangs du soldat, s'était élevé à la dignité d'officier-général, s'était distingué dans la Vendée ; et en 1796 il avait commandé une des divisions qui s'étaient rendues à la baye de Bautry. Il avait peu d'instruction, mais beaucoup de talent naturel : un ton brusque et des manières peu agréables, le faisaient craindre; mais sa loyauté, et sa générosité lui attiraient l'estime générale: il savait se faire obéir, était prompt à se décider, et actif dans l'exécution: en un mot il avait toutes les qualités qui font un bon général.

Le 2 août 1798, le général Humbert se rendit à Rochefort, pour passer en revue l'armée qui devait lui obéir. Hoche en 1796 commandait 25,000 hommes quand il s'embarqua à Brest pour l'Irlande; quelques mois plus tard, Deaudels réunit pour le même but 15,000 combattans: c'était plus du double de ce que demandaient les Irlandais: mais dans cette dernière circonstance, au moment où il eût fallu décider la lutte, où ces braves insulaires étaient engagés par un coup décisif, le Directoire leur envoyait 1,032 hommes. Telle fut toujours l'inconséquence qui caractérise toutes les entreprises de ce gouvernement faible, qui mit la France à deux doigts de sa perte.

Le 2e. bataillon de la 70e. demi-brigade, 45 chasseurs à cheval du 3e. régiment, 42 canonniers des côtes, une cinquantaine d'officiers réformés, 4 canons et 4 caissons, formaient la force de l'expédition. Ces troupes furent réparties sur trois frégates: Humbert montait *la Concorde*, de 44 canons; l'adjudant-général Sarrazin s'embarqua sur *la Médée*, aussi de 44; et l'adjudant-général Fontaine commandait les troupes qui étaient sur *la Franchise* ne portant que 38 canons.

Le 4 août, à sept heures du matin, on mit à la voile : quatre frégates et deux vaisseaux anglais croisaient devant la Rochelle. On avait reçu ordre de n'engager aucun combat, et de voguer vers les côtes d'Espagne, si on était trop vivement chassé. En conséquence, on louvoya long-temps, et les manœuvres habiles du capitaine Savary dérobèrent la flotille à la vigilance anglaise. Après quinze jours de navigation, on découvrit la pointe Mullet, à l'ouest de l'Irlande : après l'avoir doublée, on se dirigea sur Quilebeck, vers la côte de Donegal ; mais les vents étant venus contraires, on fut obligé de renoncer à y débarquer, et l'on continua de marcher au hasard. Le 21, on aperçut les attérages de Bradhaven, et le lendemain la flotille entra dans les eaux de la baye de Killala, au comté de Mayo : elle stationna en face de Kelcaming, village à deux lieues de la ville de Killala.

On s'approcha le plus près de la côte qu'il fut possible ; et Humbert, qui avait résolu de suppléer au peu de force qu'il avait par la rapidité et la vigueur de ses opérations, ordonna le débarquement aussitôt qu'on eut jeté l'ancre. A deux heures le signal fut donné, et avant la nuit on fut prêt à marcher sur Killala. L'adjudant-général Sarrazin, avec un fort détachement, marcha sur cette ville, que défendaient 50 fencibles (1) et fermiers (2) selon une relation anglaise assez impartiale, et 200 selon la relation française de l'adjudant commandant Fontaine : quel que fut leur nombre, ils furent bientôt débusqués par nos grenadiers, qui, sans répondre à leur feu, attaquèrent à la baïonnette avec leur impétuosité ordinaire. Nous fîmes vingt-cinq prisonniers, parmi lesquels étaient trois officiers ; ils furent envoyés sur-le-champ en France, comme les premiers trophées conquis par nos armes. Quelques fencibles demandèrent à entrer dans nos rangs; et ils formèrent le noyau du corps auxiliaire qui se forma sous nos drapeaux : les fermiers furent renvoyés dans leurs foyers; nous eûmes trois hommes blessés ; l'un d'eux, un lieutenant de grenadiers, malgré deux coups de feu, ne voulut pas quitter l'armée, et continua à marcher et à combattre avec sa compagnie. Tandis que l'on enlevait Killala, l'adjudant-général Fontaine faisait achever le débarquement, et mettre à terre les bagages et les munitions : on fut obligé de porter à bras,

---

(1) *Fencibles*, infanterie réglée, destinée à la *défense* du territoire : ils ne devaient la quitter sous quelques prétextes que ce soit.

(2) *Fermiers*, garde à cheval composée de tous les cultivateurs qui avaient charrues ; ils étaient armés d'une épée et d'un pistolet. Les officiers avaient une carabine.

à travers les rochers, les canons et les caissons. Ce fut avec les mêmes travaux et le même zèle que l'on débarqua 3,000 fusils, autant d'habits et d'équipemens complets, destinés à armer les Irlandais qui se rangeraient sous nos drapeaux. On éprouva aussi beaucoup de difficultés pour transporter 30 milliers de poudre destinés à l'artillerie ; les cartouches étaient dans les caissons : les provisions de bouches furent moins embarrassantes ; elles ne consistaient, chose incroyable, qu'en quelques sacs de biscuit et en une pipe d'eau-de-vie. (*Voy.* le Précis de l'adjud.-command. Fontaine).

Le général Humbert, après avoir fait quelques dispositions pour prévenir toute surprise, quitta le lieu du débarquement, et vint établir son quartier-général à Killala. Il donna aussi des ordres pour que tout ce qu'on avait débarqué y fût transporté. L'adjudant-général Fontaine mit en réquisition les chevaux, les bœufs et les voitures de tous les villages qui avoisinent la côte : on ne put réunir que deux petits chevaux, trois bœufs et une voiture. Ces moyens étaient insuffisans : le soldat renvoya les paysans avec leurs bêtes, s'attela aux canons et aux caissons, et les traîna ou, pour mieux dire, les porta, aux cris de vive la République! jusqu'à Killala. Le bruit de notre débarquement s'était répandu avec la rapidité de l'éclair ; les royalistes et les anglais étaient attérés ; et les Irlandais, qui aspiraient à l'indépendance, accouraient de tous côtés pour s'unir à nous ; et sur-le-champ on les équipait. Quelques chefs de l'Union se rendirent auprès du général en chef, formèrent les cadres de plusieurs bataillons dont ils eurent le commandement, et les répartirent entre les différentes divisions de notre petite armée.

Dans la journée du 23, l'adjudant-général Sarrazin alla avec quelques troupes reconnaître le pays : le capitaine Huet, qui marchait en avant, rencontra l'ennemi fort d'environ 400 chevaux, qui avait pris une assez bonne position. Nos grenadiers s'avancèrent pour l'attaquer ; mais, aux premiers coups de fusils, cette cavalerie, qui était en grande partie composée de fermiers, se retira en désordre sur Ballina, qui est à sept milles au Sud de Killala. Dans cette rencontre, où l'ennemi eut quelques hommes de tués, périt Georges Fortercue, recteur de Ballina et neveu de lord Clermont : il s'était mis à la tête des volontaires, au bruit de notre approche.

Le 24 au matin, quatre compagnies d'infanterie un détachement de grenadiers et quelques chasseurs à cheval du 3e. régiment, marchèrent sur Ballina par la route de Killala ; tandis que l'adjudant-général Fontaine, avec quatre autres compagnies, quelques canonniers et un détachement d'Irlandais, gagnait la route de Foxford, pour tourner l'ennemi et attaquer en queue, tandis que Sarrazin attaquerait en tête. Cette double attaque eut un succès complet : nous abordâmes à la baïonnette, et l'ennemi laissa le champ de bataille jonché de morts et de blessés : il se retira dans la ville, et nous trouvâmes cinq officiers parmi les blessés. Pendant la nuit on escarmoucha sur plusieurs points avec quelques fencibles, et un officier qui fut fait prisonnier, nous assura que 2,000 hommes marchaient pour défendre Ballina. Le général Humbert résolut alors d'enlever la ville de vive force, avant l'arrivée de ces renforts. L'attaque recommença : après une courte résistance, l'ennemi cède à nos efforts ; l'adjudant-général Fontaine, qui avait pénétré dans la ville par la route de Foxford, l'atteint dans la grande rue, lui fait éprouver une perte considérable, et le poursuit avec ardeur dans la direction de Foxford, à dix milles vers le Sud. Notre perte fut très-légère dans ces différens combats ; nos succès enhardirent les mécontens, qui vinrent en foule se ranger dans nos rangs. Le général Humbert rappela les corps qui étaient à la poursuite des Anglais, et donna quelques heures de repos à ses troupes. Pendant ce temps, il prit des renseignemens sur les dispositions de l'ennemi, et jugea prudent de se replier sur Killala, où il reprit ses premières positions.

Le 25, le général français se détermina à s'enfoncer dans l'intérieur de l'île, afin d'y fomenter l'insurrection : il marcha sur Castlebar. 200 hommes de troupes de ligne et les Irlandais, restèrent sous les ordres du capitaine Charost, à Killala, où l'ennemi voulait se porter pour brûler nos magasins et arrêter nos premiers succès. Humbert, prévenu de ce dessein, ne continua pas moins son mouvement vers Castlebar.

Le 26, nous entrâmes à Ballina à quatre heures du matin : la première chose qui frappa nos regards, fut une potence où on avait suspendu un malheureux jeune homme, dont le crime était d'avoir témoigné de la joie de notre arrivée : ses compatriotes, qui étaient dans nos rangs, lui rendirent les devoirs de la sépulture, et jurèrent sur sa tombe de venger sa mort.

Nous apprîmes dans cette ville que le général Taylor avait réuni des troupes à Foxford, pour nous observer, et que les généraux Hutchinson et Lake avaient opéré leur jonction et se disposaient à se porter en avant, ou à défendre Castlebar; mais l'indiscipline des troupes ayant causé quelques querelles avec les habitans, on nous assura que nous enleverions facilement cette ville, où les Anglais, en nous combattant, auraient à craindre d'être assaillis par les habitans. Le général en chef résolut de hâter sa marche, et quitta la route directe, pour n'être pas éclairé par le général Taylor. Au moment du départ, un parlementaire, officier d'état-major de l'armée du général Lake, se présenta aux avant-postes, pour réclamer un major blessé dans la dernière affaire. Son but était de connaître nos forces et nos dispositions : on le reçut avec l'accueil le plus agréable ; mais on ne lui laissa rien voir de ce qu'il cherchait à pénétrer : il emmena le prisonnier qu'il réclamait, et fut surveillé jusqu'aux avant-postes.

L'artillerie que nous possédions fut chargée sur des chariots étroits, et l'on se disposa à franchir un défilé qui, jusqu'alors, avait été impraticable : les chariots se brisèrent ; et le soldat, dont le zèle était infatigable, porta les canons pendant près de trois milles. Enfin, après une marche pénible, nous parûmes tout-à-coup sur les hauteurs de Castlebar. Nous n'en étions qu'à une lieue.

Nous nous trouvâmes en face des avant-postes ennemis : ils étaient bien retranchés, et il ne paraissait pas facile de les débusquer ; mais le chef de bataillon Dufour s'élança, à la tête de quelques grenadiers, gravit, sous un feu de mousqueterie bien nourri, des rochers escarpés, et tomba comme la foudre au milieu des Anglais : ils ne purent soutenir notre choc ; ils fuirent en désordre ; l'armée suivit leur mouvement, et on ne s'arrêta que lorsqu'on fut à portée de canon de l'armée du général Lake. Elle était rangée en bataille dans une position inexpugnable : sa force montait à près de 4,000 hommes, et 14 pièces de canon couronnaient les hauteurs auxquelles elle s'appuyait. Humbert avait avec lui 800 hommes accablés de fatigue, 4 petits canons, et un millier de paysans qui ne savaient pas se servir de leurs armes. L'aspect de l'armée anglaise et de sa formidable position jeta le découragement parmi les nôtres ; mais un mot de Humbert eut bientôt relevé les courages. On se prépara au combat : la droite de l'ennnemi était appuyée à un lac ; sa gauche était protégée par des marais impraticables ; son centre, à cheval sur les deux routes qui conduisent à Castlebar, était appuyée à un plateau garni d'artillerie : les issues de la ville étaient barricadées et défendues par des fencibles ; enfin, un corps de réserve était en arrière au-delà des ponts. L'adjudant-général Sarrazin, qui commandait notre droite, fit commencer l'attaque : à la tête de trois compagnies, le chef de bataillon Hardouin franchit les marais qui étaient en avant de la gauche de l'ennemi, et le força à se replier. Alors l'adjudant-général Fontaine, profitant d'un moment de désordre, tomba sur les Anglais, et les força à rentrer dans la ville : nos soldats les suivent. A l'entrée de la grande rue, deux pièces chargées à mitraille allaient porter le ravage dans nos rangs ; un grenadier s'élance, sabre les canonniers, met le pouce sur la lumière où un Anglais portait sa mèche embrasée, le renverse d'un coup de sabre, et reste maître des deux pièces : il fut fait officier sur la place même. Cependant les généraux Lake et Hutchinson rallient leurs troupes, dirigent leur artillerie sur nos carrés, et rétablissent le combat avec avantage. Alors l'adjudant-général Fontaine se met à la tête de 45 chasseurs à cheval, qui composaient toute le cavalerie de l'armée, pénètre dans la ville, sabre tout ce qu'il rencontre, parvient à 6 pièces qui nous canonnaient, et s'en empare.

De ce moment la victoire ne fut plus douteuse : la terreur s'empare des Anglais; ils fuient en désordre, des compagnies entières mettent bas les armes devant deux ou trois des nôtres : 1,500 Irlandais se rendent en criant : *Vivent les Français !* Humbert et Sarrazin traversent la ville et poursuivent les vaincus : après deux milles d'une poursuite où chaque pas nous livrait des prisonniers, quelques compagnies de cavalerie osèrent enfin faire volte-face, et firent replier quelques pelotons épars ; mais nos grenadiers les attendent, et les mettent une seconde fois en déroute. Le général Humbert arrêta alors notre marche : le soldat était harassé, et il fallait soigner les blessés, pourvoir à la subsistance de l'armée, et profiter du premier mouvement d'enthousiasme pour faire soulever le pays en notre faveur.

Notre perte se monta à 40 tués et à 180 blessés : l'ennemi eut plus de 400 tués ou blessés : outre les Irlandais qui entrèrent dans nos rangs, nous comptâmes 1,200 prisonniers, cinq drapeaux ; artillerie, munitions, magasins et bagages, tout tomba en notre pouvoir (1). Tous les blessés, soit Anglais, Irlandais ou Français, reçurent indistinctement des secours ; et les généraux ennemis adressèrent leurs remercîmens au général Humbert dès qu'ils surent quels soins on avait eus des malheureux, que le sort des armes avait laissés à notre discrétion.

Le général Humbert s'occupa ensuite de rendre à chacun le tribut d'éloge qu'il avait mérité ; et il fit de nombreuses promotions que le Directoire eut l'injustice de ne pas confirmer. Ceux dont la valeur et les talens avaient le plus contribué au

---

(1) Un auteur anglais, J. Gordon, dans son *Histoire d'Irlande*, est bien éloigné de porter la perte des vaincus aussi haut : voici comment il en parle.

» Dans le combat de Castlebar, la perte des Français
» fut plus grande que la nôtre ; nous eûmes 53 hommes
» tués, 34 blessés et 279 ou prisonniers ou égarés ; parmi
» ceux-ci, la plus grande partie passa du côté de l'en-
» nemi : dans la perte que firent les Français, dix-sept
» hommes, qui s'étaient trop avancés en poursuivant les
» royalistes, furent taillés en pièces par la cavalerie de
» lord Roden ; mais on dit qu'ils avaient d'abord été faits
» prisonniers, et que le général français menaça d'user
» de représailles. ». T. III. Chap. XLVI, page 391.

succès de la journée, furent MM. Sarrazin, Fontaine, Azemard, Hardouin, Ranou, Dufour, Silberman, Toussaint, Babin, Laroche, Fricot, Foucault, Truc. Le lieutenant de cavalerie Moisson tomba mortellement blessé de deux coups de feu, après avoir fait mordre la poussière à 5 carabiniers anglais. Le chef d'état-major Grignon reçut aussi une mort honorable. Nous regrettons de ne pouvoir transmettre à la reconnaissance de ses compatriotes le nom du brave grenadier qui s'empara des deux canons qui défendaient la grande rue de Castlebar ; mais nous citerons le capitaine de grenadiers, Laugerat qui, en chargeant, fut atteint d'un biscayen qui lui fracassa l'épaule : forcé à l'inaction par cette cruelle blessure, il s'assied sur un quartier de roche, commande et encourage ses braves soldats ; il leur criait, au moment où ils s'arrêtaient pour ne pas le laisser en arrière : *Amis, ne faites point attention à moi, marchez à la victoire : elle est devant vous : je reste et je meurs content.....* et il expira. A quelques pas de lui, un de ses grenadiers, se sentant mortellement blessé, appela un de ses camarades, et lui dit : *Prends mes cartouches et envoie-les à ces b...... d'Anglais.* Puis, en serrant son fusil dans ses bras : *Voilà comme doit mourir un grenadier français !* Et à son dernier soupir, il fit encore un dernier effort pour crier à ses camarades, qui avaient plié un moment : *En avant!*....

Les adjudans-généraux Sarrazin et Fontaine furent promus au grade de général : les chefs de bataillon, Azemard et Hardouin, devinrent chefs de brigade ; le capitaine Durival fut fait chef d'escadron ; les capitaines Toussaint, Silberman, Ranou, Huette, Babin et Ruty, chefs de bataillon. Le général Humbert prit des mesures pour procurer une nourriture saine à ses troupes. Depuis le débarquement, on n'avait vécu que de pommes de terre ; mais, malgré les recherches, les demandes, les réquisitions, le pays était si pauvre, qu'on ne put donner du pain à toute l'armée. On continua donc à se nourrir de pommes de terre ; mais on se procura abondamment du bœuf, du mouton et du genièvre.

Cependant les paysans irlandais venaient de toutes parts se joindre à nous. Déjà les 3,000 fusils qu'on avait apportés de France étaient distribués, et plus de 2,000 de ceux qu'on avait pris à Killala, à Ballina, à Castlebar, venaient d'être mis à la disposition du général Fontaine, qui était chargé de l'organisation des volontaires irlandais : il trouva plus de bonne volonté que d'utilité réelle parmi ces paysans qui étaient en grande partie des montagnards du comté de Mayo et des autres comtés de la partie occidentale de l'île. Pendant les combats, ils gênèrent plus d'une fois nos manœuvres, jetaient souvent leurs fusils pour s'emparer d'un bâton ou d'une fourche dont ils se servaient avec plus de succès. Tandis que nous triomphions à Castlebar, trois frégates et trois cutters ennemis mouillaient dans la baie de Killala, à une portée de canon de la ville. Les Anglais tentèrent de débarquer; mais le brave capitaine Charost et les 200 braves, auxquels Humbert avait confié la défense de ce poste, les repoussèrent si vivement, que plusieurs détachemens n'eurent pas le temps de regagner leurs embarcations. La flottille anglaise tenta alors de brûler ce qu'il y avait dans le port; ils réussirent à incendier deux petits navires marchands que nous avions pris dans la traversée, et qui nous servaient de magasins. Après ce petit succès, les Anglais se retirèrent. L'armée anglaise, après sa déroute de Castlebar, avait fui en désordre sur Tuam; la terreur était telle que rien ne pouvait la rallier. A Tuam, où les fuyards arrivèrent le soir même de la bataille, ils ne se crurent pas en sûreté, quoique trente-huit milles les séparassent du lieu du combat; ils se remirent en marche après quelques instans de repos, et ils ne s'arrêterent qu'à soixante milles du champ de bataille (1).

---

(1) Pour qu'on ne nous accuse pas ici d'exagération, nous allons mettre sous les yeux du lecteur le passage

Le vice-roi, lord Cornwallis, rassemblait ses forces pour marcher contre Humbert. Le 26, il était à Philips-Town; le 27, à Kilbeggen où il apprit la défaite de Castlebar; le 28, il se rendit à Athlone où il arrêta la fuite des vaincus, et où il réorganisa toute l'armée du général Lake, qui avait cru devoir évacuer Tuam sans attendre notre arrivée. Lord Cornwallis, autant pour retremper le courage des troupes, que pour se tenir en mesure contre les rebelles qui pouvaient d'un moment à l'autre se lever en masse et tomber sur une armée déjà découragée, fit ses dispositions comme en présence de l'ennemi : on plaça des patrouilles avancées et des piquets de cavalerie sur les routes de Tuam et de Ballinasloe.

---

où l'auteur anglais, J. Gordon, dans son Histoire d'Irlande, parle des suites de la victoire de Castlebar; t. III, chap. XLVI, pages 389 et 390; édit. de Paris, 1808.

.... « Tous les efforts des chefs pour rallier les
» troupes furent inutiles ; elles continuèrent de fuir
» jusqu'à Tuam, où elles arrivèrent à la nuit, à
» 38 milles du champ de bataille. Après s'être rafraî-
» chis un moment, les fuyards poursuivirent leur
» route vers Athlone. Un officier de carabiniers, avec
» 60 soldats, y arriva à une heure le mardi 28 : ils
» avaient fait une marche de 80 milles d'Angleterre,
» dans l'espace de vingt-sept heures. On ne sait où leur
» fuite se serait terminée, si l'arrivée du vice-roi à
» Athlone ne les eût arrêtés...... »

Le général Humbert, cependant, ne voyant arriver aucun des secours que le Directoire lui avait promis, commença à s'apercevoir qu'on lui avait confié une expédition dont on ne s'était promis aucun succès; il communiqua cette opinion à son état-major; l'armée la partagea bientôt : et ce fut par des cris de *vaincre ou mourir* qu'elle manifesta la sienne.

Le général en chef attendait à Castlebar que les mouvemens de l'ennemi déterminassent les siens. Ayant appris que quelques partis rôdaient vers Baleyna, il y envoya le capitaine Truc. Celui-ci, attaqué par 100 hommes de cavalerie, eut l'audace de les attendre, et le talent de les battre avec quatre chasseurs à cheval du 3e. régiment, et quelques volontaires irlandais.

Nos partis poussaient des reconnaissances de tous les côtés, afin de connaître les manœuvres des Anglais et pour les forcer à disséminer leurs forces, en leur faisant craindre pour plusieurs points différens; nos avant-postes furent néanmoins portés sur les routes de Tuam et de Boyle; tandis que l'armée bivaquait au lieu où se joignent les routes d'Holymout et de Balynamaord.

Bientôt l'on apprit que le vice-roi, après avoir réuni 20,000 hommes, marchait à nous. Humbert assembla le conseil de guerre, et on résolut de quitter Castlebar, de se diriger sur Dublin, où l'on pouvait espérer de se réunir au corps d'Irlandais-Unis qui tenait la campagne. On se détermina à traverser les montagnes d'Erry et de Tyranley, pour gagner Balentra, où l'on espérait passer le Shannon : par cette marche de dix-huit lieues qu'on devait faire sans s'arrêter, on laissait lord Cornwallis en arrière ; et pour lui donner le change, on feignit de retrancher les approches de Castlebar.

Notre armée, forte de 800 Français et de 600 Irlandais, leva le camp en silence : Cornwallis n'était plus qu'à quatorze milles de nous, à Hollymount, où il apprit notre changement de direction, le 4 septembre au soir.

L'on rencontra, et l'on battit quelques partis ennemis à Scunffort et à Balagai. A Tobescusy, l'ennemi résiste opiniâtrément ; l'adjudant-général Fontaine le charge avec notre cavalerie et le met en déroute : quelques prisonniers tombent entre nos mains, et parmi eux se trouve un officier. Le 5, nous arrivâmes à Coloonyou : on prit quelques heures de repos ; là, nous apprîmes que lord Cornwallis, ayant découvert notre marche, avait mis à notre poursuite le général Lake et le colonel Crawford ; que le général Moore observait nos mouvemens à une grande distance, et que le gros de l'armée filait par Clare et Ballyhaunis pour arriver sur le Shannon. A Cloon, nous commençâmes à être harcelés par une multitude de détachemens de yomaneries, sorte de garde nationale composée de protestans, tous partisans de la domination anglane. Pour ne pas être surpris, on prit les dispositions militaires nécessaires. Humbert resta dans la ville avec la réserve; Fontaine s'avança vers Boylé et Tobescury, tandis que Sarrazin observait la route de Sligo. Ces précautions étaient urgentes, car bientôt on fut attaqué de ce dernier côté par le colonel Werreker, qui, avec la garnison de Slego et les milices de Lemeriek, se porta entre une hauteur et la rivière qui arrose Coloony. Le général Humbert, averti par la fusillade, veut soutenir l'adjudant-général Sarrazin, qui, voyant que l'ennemi laissait sa droite à découvert, en négligeant de s'emparer de la hauteur où elle s'appuyait, y marcha au pas de charge, tomba sur le flanc des Anglais et les mit en déroute complète. 150 tués, 200 prisonniers, deux pièces de canon et 500 fusils, furent le prix de ce combat, où nous eûmes 40 hommes tués ou blessés (1). L'ennemi se re-

---

(1) L'auteur anglais, déjà cité, ne porte la force du corps battu à Coloony qu'à 300 hommes; tandis que la relation française l'estime de 1,600. J'assure qu'une méprise mutuelle paralysa les résultats qu'aurait dû avoir ce combat. Le colonel anglais Werreker, croyant n'avoir affaire qu'à l'avant-garde française, ne songeait qu'à brusquer l'issue du combat par des charges vigoureuses avant l'arrivée de toute l'armée; tandis que

tira sur Slego, et de-là vers Bellyshannon. Ne pouvant emporter les fusils, on les endommagea de manière à ce qu'ils ne puissent plus servir. Les prisonniers, sous le commandement du lieutenant Fricot, furent conduits à Boyle; ce qui déroba un instant à l'ennemi notre marche, qui ne put croire que nous nous dirigeassions sur le Shannon, puisque nous donnions une autre direction à nos personnes.

A dix heures du soir, on se remit en marche pour Drummahaire et Manor Hamilton, dans le comté de Leitrim; après quelques heures, on se décida à enclouer les pièces qu'on avait enlevées à l'ennemi, et qui retardaient notre marche : on les jeta dans la rivière de Carroyre. Cette mesure découragea l'armée; elle crut un moment que c'étaient nos propres canons. Humbert harangua, rappela les sermens de la veille; et l'on marcha bientôt avec plus d'ardeur que jamais pour se réunir à l'armée des insurgés.

Le 6, arrivés aux environs de Manor Hamilton, on se trouva sur la route de Dublin, qui traverse Granard, ville du comté de Longford,

---

Humbert, qui, selon lui, avait pris les attaquans pour l'avant-garde de l'armée de Cornwallis, cherchait à l'écraser avec toutes ses forces, sans chercher à le cerner : ce qui sauva la plus grande partie du corps d'armée et explique la perte considérable qu'il fit.

où l'insurrection venait d'éclater. Humbert, après une heure de repos, prit cette nouvelle direction, et laissa quelques troupes en observation sur la route du Nord.

Après six heures de marche, nous prîmes position sur les hauteurs de Drunkerim, près du lac Allen, où le Schannan prend sa source. Les Irlandais nous apportèrent toutes sortes de rafraîchissemens. Bientôt on annonça au général Humbert qu'un parlementaire était aux avant-postes, et demandait à avoir avec lui un entretien direct. Le général Humbert ne jugea pas devoir s'y rendre, et il envoya l'adjudant-général Sarrazin, accompagné de trois officiers d'état-major, et escorté de quatre chasseurs à cheval. Le parlementaire était le colonel Crawford : il nous remit deux officiers de santé, qui avaient été surpris par un parti de Yomaneries. Après quelques propos où il chercha à nous prouver que nous ne devions plus songer à résister, et que nous étions cernés, il ajouta :

« Vous nous avez battus plusieurs fois; vous
» avez fait de grandes marches en présence de
» notre armée : vous avez fait assez pour votre
» gloire ; et lord Cornwallis, qui vous rend jus-
» tice, vous traitera avec tous les honneurs dus
» à des braves comme vous, si vous voulez vous
» en remettre à sa foi. »

Le général Sarrazin répondit au colonel:

« Monsieur, dites au lord Cornwallis que nous n'avons point encore rempli la tâche que notre gouvernement nous a imposée; que nous sommes jaloux de continuer de mériter son estime, et de fixer les regards de l'Europe sur notre entreprise; ainsi, que nous ne pouvons, sans nous déshonorer, accepter ses offres (1). »

Notre position était réellement des plus fâcheuses; 20,000 Anglais étaient sur nos derrières; le Schannan bordait notre front, et n'était pas guéable; resserrés sur notre gauche par le lac Allen, nous ne pouvions marcher sur notre droite, où les eaux des lacs Arrow et Kay nous arrêtaient: le seul parti qui semblait nous rester était de chasser les troupes ennemies qui, à notre droite, s'étaient portées entre les lacs Arrow et Kay, et de retourner à Castlebar. Ce parti parut au général Humbert le seul qu'on dût prendre, surtout lorsqu'après avoir quitté Drumkerim, il apprit que des forces supérieures défendaient, à Ballintra, le pont sur le Schannan. L'armée prenait cette direction, et déjà avait dépassé Drumhambo, lorsqu'aux environs de Ballynamore, on rencontra l'avant-garde du corps d'armée de Lake et Crawford. Elle fut sabrée par nos chas-

---

(1) Extrait de la *notice historique de la descente des Français en Irlande*, publiée en 1801, par Louis-Octave Fontaine, adjudant-général.

seurs, et quelques prisonniers nous ayant appris que les forces que nous avions devant nous, étaient considérables, Humbert préféra retourner vers Ballintra et tenter de forcer le pont à retourner à Castlebar.

Le général Fontaine prit alors le commandement de l'avant-garde, et marcha sur Ballintra : il chargea avec furie les Anglais qui défendaient le pont, les força à prendre la fuite, mit le capitaine Freton avec 15 chasseurs à leur poursuite, et attendit notre armée, qui vint camper en avant du pont, et y attendit que le détachement qu'on avait laissé près de Manorhamilton eut rejoint. C'était le 7 septembre. Cependant, comme l'ennemi nous poursuivait vivement, Humbert fit couper le pont de Ballintra, et l'armée prit quelques heures de repos : on se privait ainsi de toute retraite ; mais on était dans une position désespérée, et il fallait tout sacrifier, afin de gagner assez de temps pour se réunir à l'armée des insurgés irlandais. L'explosion qui devait faire sauter le pont manqua ; il fut seulement endommagé, et le feu de l'ennemi empêcha qu'on ne fît de nouveaux travaux pour le détruire complètement.

Pendant que nous enlevions le pont de Ballintra, les insurgés de Granard remportaient un avantage signalé sur un corps de Yomaneries et de troupes réglées : ayant appris notre marche, ils nous dépêchèrent un envoyé pour nous presser de venir se joindre à eux, afin de s'opposer à lord Cornwallis, qui, après avoir passé le Shannon à Carrick-on-Shannon, s'avançait dans leur direction par Mohel et Saint-Johnstown, à travers le comté de Longford. Humbert se hâta de se mettre en marche ; il espérait arriver en deux jours à Dublin (où il eût décidé le soulèvement général de l'Irlande), s'il n'était pas arrêté à Granard, et si, par la rapidité de sa marche, il prévenait lord Cornwallis. A peine était-on en marche que l'on fut harcelé par l'ennemi, qui avait facilement rétabli le pont. Le général Fontaine, avec quatre compagnies, fit volte face et lui tua beaucoup de chevaux ; nous fîmes quelques prisonniers ; notre tranquillité fut assurée pour quelques instans. On se remit en marche ; les chemins étaient détables, et l'artillerie ne pouvait avancer : plutôt que de l'abandonner, le soldat la porta à bras, et franchit ainsi des marais impraticables. Déjà nous apercevions Cloone où l'on devait prendre quelque repos, lorsque huit escadrons anglais dont chaque cavalier portait un fantassin en croupe, vinrent nous assaillir. Reçus à la baïonnette par les grenadiers, ils ne purent nous entamer : plusieurs charges ne furent pas plus heureuses, et ils se retirèrent enfin. Nous nous établîmes à Cloone ; nous ne fûmes plus inquiétés ; mais nous apprenions d'instant en instant que les forces de l'ennemi grossissaient, et on prévoyait qu'une affaire décisive n'était pas éloignée.

Les paysans des contrées voisines de Cloone et Granard vinrent solliciter le général en chef de rester dans la position qu'il occupait, lui promettant de venir le rejoindre au nombre de 10,000. Le chef des insurgés de Granard, qui venait d'éprouver un échec, vint lui-même faire la même promesse : il ne demandait que douze heures pour rassembler ses partisans, et marcher avec nous sur Dublin(1). Ce chef, dit l'adjudant-

---

(1) Cette insurrection de Granard, suscitée par les chefs des Irlandais-Unis, fut l'effort le plus vigoureux qu'ils aient fait pour coopérer avec la marche de l'armée française : et sans l'activité de lord Cornwallis, elle eût enflammé toute l'Irlande. Elle eut lieu pendant que nous triomphions à Castlebar. A un signal convenu, tous les paysans des contrées voisines, et particulièrement ceux de Longfort, dont les gros propriétaires étaient membres de la Société de l'Union, se portèrent sur Granard ; ils rencontrèrent en plaine une forte division qu'ils battirent ; mais le vice-Roi ayant détaché à temps le capitaine Cottingham, officier des fermiers, il occupait Granard avec de bonnes troupes, lorsque les insurgés s'y présentèrent : surpris et battus, ils se rejetèrent, au nombre de plus de 3000, sur Cavan où Cornwallis avait établi ses magasins ; ils n'y furent pas plus heureux. Renforcés alors par les habitans du comté de Werhmath, ils marchèrent sur l'hôpital et les magasins de Wilson, qui furent pris et pillés. Ils

commandant Fontaine, était armé de pied en cap, couvert d'armes offensives et défensives, et ressemblait parfaitement aux preux chevaliers du XIIIe. siècle : il ne parlait que de combattre pour la *bienheureuse Vierge Marie*, dont il s'était déclaré le champion ; c'était un fou, brave à l'excès, et excellent pour enflammer les paysans irlandais. Humbert se décida donc à ne pas quitter Cloone sitôt et à bivaquer : ce qui le décida surtout furent les murmures de plusieurs compagnies qui, fatiguées et épuisées, demandaient un peu de repos. Mais notre voisinage avec les insurgés, qui avait d'abord décidé leur soulèvement, fut cause bientôt de leur inaction. Informés de nos forces, et les jugeant trop faibles pour les soutenir contre lord Cornwallis, qui s'avançait avec 20,000 hommes, ils refusèrent de venir se ranger sous nos drapeaux. A mesure que les sol-

---

allaient marcher pour attaquer une seconde fois Granard et Cavan, lorsqu'ils furent attaqués par lord Longford à la tête des fermiers et des fencibles d'Argyle. Après avoir long-temps lutté, ils furent enfin défaits à Bunbrisna, ils se dispersèrent et rentrèrent dans leurs foyers : s'ils eussent réussi à prendre Granard et Cavan, l'armée française était sauvée du poste avantageux de Granard ; Humbert eut dirigé en sûreté ses opérations sur Dublin : on eut attendu des secours de France. Lord Cornwallis l'avait bien senti, et le prix de son activité et de sa prévoyance fut la pacification générale.

dats anglais avançaient, ils massacraient les familles dont les chefs étaient absens : la crainte de voir la même barbarie exercée contre eux les retint dans leurs foyers.

Le général Humbert sentit alors combien le temps qu'il avait passé à Cloone, lui était préjudiciable. Il recevait de tous côtés des avis désespérans : Granard était fortement occupé, et il paraissait impossible d'y forcer l'ennemi. Cependant on n'était point inquiété, et dès que nous nous présentions devant un poste, il se repliait sans résistance : on marcha sur Granard, et on n'eut aucun combat à soutenir : nous apprîmes, depuis, que lord Cornwallis ayant jugé que ses troupes ne pourraient jamais résister, même avec des forces décuples, à notre bravoure, avait résolu de ne nous faire attaquer, que lorsque toutes ses forces, qui devaient s'élever à 30,000 hommes, seraient réunies.

Cependant la cavalerie anglaise ayant aperçu un détachement d'Irlandais qui traînaient un de nos caissons de cartouches, à travers des chemins affreux, ils chargèrent la faible escorte qui les accompagnait et s'emparèrent du caisson; Humbert, informé de ce nouvel incident, ne prenant conseil que de son courage, fait faire halte, se met à la tête de quatre compagnies, court à l'ennemi, l'atteint, le dépasse, et reprend le caisson, dont il fait distribuer aussitôt les cartouches à sa petite armée: cependant l'ennemi avait débouché de différens points pendant le combat, afin de couper la retraite aux quatre compagnies que Humbert venait de conduire à la victoire: il fallut livrer un nouveau combat, et ce fut un nouveau triomphe.

A une lieue en avant de Granard, nous fûmes arrêtés par l'avant-garde ennemie: c'est alors que le soldat découragé, commença à montrer son mécontentement, qui ne s'était encore manifesté que par des murmures. Les uns jetaient leurs armes, les autres déclaraient qu'ils allaient se rendre au premier poste ennemi; enfin le désordre allait croissant, lorsqu'un coup de canon parti des rangs ennemis, vint rappeler à ces braves qu'ils étaient Français. Ils reprennent leurs rangs, repoussent l'attaque et dispersent les premiers assaillans; mais bientôt attaqués par des troupes fraîches qui se renouvellent sans cesse: ils retombent dans le découragement: bientôt il faut abandonner ces canons qu'ils n'ont conservés qu'à force de travaux, et au prix de leur sang: cette perte allume leur rage, mais elle devient impuissante contre le nombre. Cependant les rangs se serrent, et c'est en vain que les hussards de *Hompech* cherchent à pénétrer dans nos carrés; obligés de reculer sans cesse, nos blessés tombent au pouvoir de l'ennemi, et à cette occasion, les chefs ennemis entrent en pourparlers avec nos troupes, et profitent du ralentissement de notre feu, pour nous resserrer de plus près. Alors les quatre compagnies qui formaient notre arrière-garde, celles qui, ayant Humbert à leur tête, avaient quelques heures auparavant vaincu deux fois les Anglais, furent complètement cernées ; et, après la plus opiniâtre résistance, elle fut enfin forcée de mettre bas les armes.

Les adjudans-généraux Sarrazin et Fontaine, résolurent dans ce danger pressant de succomber en braves, ou d'arracher une dernière victoire. Ils volent de rang en rang, raniment le soldat, et se préparent à faire une double attaque. Sarrazin à la tête de 200 Français et de 500 Irlandais, se précipite sur la colonne ennemie qui défend le pont de Granard, la disperse, en fait un carnage affreux, et reste maître du pont. D'un autre côté, le brave Fontaine dégage deux petites pièces d'artillerie que nous n'avions pas encore abandonnées, se porte à l'arrière-garde, et suivi des grenadiers, il attaque la cavalerie qui nous pressait vivement ; démonte ou blesse plus de cinquante cavaliers à la première décharge, et fait tout céder à l'impétuosité de son choc : les Anglais fuient de toutes parts, et la victoire est prête à nous favoriser ; mais une division du général Laki, vint se mettre en ligne et rallia les fuyards ; nous fûmes chargés à notre tour, sans cependant perdre de terrain; et nous ne tardâmes pas à reprendre l'avantage; nos artilleurs eurent bientôt démonté un obusier que la division nouvellement arrivée avait amenée, et ils achevèrent à porter le désordre dans cette division en faisant sauter deux caissons qui étaient au milieu de ses rangs; Humbert profitant de cette circonstance, chargea à la tête des grenadiers, porta partout la mort et l'effroi, et força Lord Reden, commandant de la division à se rendre.

De leur côté, les Irlandais se battaient en désespérés : en repoussant trois charges des dragons ennemis, 300 de ces braves insulaires succombèrent après avoir vendu chèrement leur vie : nous citerons surtout les deux frères Magdonald, qui firent dans ce combat preuve du plus grand courage joint à une habileté consommée; ils défendirent pendant plusieurs heures avec une poignée de tirailleurs, un poste important, par lequel l'ennemi cherchait à pénétrer dans nos rangs, et à couper notre armée en deux corps isolés.

Nos momens de triomphes étaient courts : des troupes fraîches soutenaient sans cesse la lutte, et à chaque instant nous étions resserrés de plus près : il y avait cependant plusieurs heures que moins de 2,000 hommes (y compris les Irlandais), luttaient contre près de 20,000 dont 3,000 de cavalerie.

Enfin l'arrivée d'un nouveau corps de l'armée du général Lake, nous fit perdre tout espoir de succès : il fallut consentir à écouter le colonel Crawford, qui s'était déjà présenté plusieurs fois pour entrer en négociation. Le général Sarrazin fut chargé par Humbert, d'obtenir des conventions honorables, et dès-lors nous ralentîmes notre feu pour arrêter l'effusion du sang : les Anglais saisissent ce moment pour jeter leur cavalerie sur notre centre, l'enfoncent et divisent notre armée en deux parties : le colonel Crawford court aux siens pour arrêter ce mouvement et le feu qui recommençait. Sarrazin et Fontaine retournent à l'aile gauche pour attendre que le colonel vînt renouer les négociations; mais quel est leur étonnement lorsqu'on vient leur déclarer qu'il n'y a pas besoin de capitulation, et qu'ils sont prisonniers : ils étaient resserrés de façon à ne pouvoir recommencer le combat; et, malgré leur indignation, il fallut céder.

De son côté Humbert, et sous lui les chefs de brigade Azémar et Hardouin furent plus heureux; ils purent se défendre contre les colonnes ennemies qui débouchaient de toutes parts; ils le firent avec une audace peu commune, et ils ne se rendirent qu'après avoir épuisé toutes leurs munitions : des monceaux de cadavres anglais avaient élevé comme un mur entre eux et leurs ennemis.

Les Irlandais prirent alors la fuite : la cavalerie anglaise les poursuivit, et en fit un affreux massacre. Chaque Anglais se précipita dans nos rangs, et se disputait l'honneur de faire un prisonnier : il n'y en eut pas un pour chaque officier anglais.

Le général Lake alla au devant du général Humbert, et le voyant entouré de si peu de monde, lui demanda où était son armée. — La voilà, lui répondit Humbert, en montrant les quatre cents braves avec lesquels il avait soutenu son dernier combat. Le général Lake fit un mouvement de surprise et d'admiration. — Et où prétendiez-vous aller, continua-t-il ? — A Dublin, briser les fers de ceux qui gémissent sous le poids de votre tyrannie. Le général anglais, apparemment piqué de ce mot de tyrannie, se retourna en disant : Il n'y a qu'une tête française qui ait pu concevoir d'exécuter un projet aussi extravagant avec de si petits moyens. Souvenez-vous, général ; répliqua Humbert, qu'il ne vous a fallu pas moins de 30,000 hommes pour arrêter l'exécution de ce projet extravagant tenté avec de si petits moyens. Le général anglais s'empressa, dès-lors, à faire oublier, par les attentions les plus délicates, le ton méprisant avec lequel il avait prononcé sa dernière phrase (1).

---

(1) Voyez la notice historique de l'adjudant-commandant Octave Fontaine.

On dirigea, sur-le-champ, notre petite armée sur Longford ; de toutes parts les habitans accouraient sur son passage, et témoignaient leur surprise en voyant quel petit nombre de braves avait été sur le point de détruire en Irlande la domination anglaise. En arrivant à Killala, elle était de 1,032 hommes : aux champs de Granard, où elle fut obligée de mettre bas les armes, on ne comptait plus que 844 hommes, savoir : 78 grenadiers, 558 soldats des compagnies du centre ; 38 carabiniers ; 38 chasseurs à cheval ; 36 canonniers et 96 officiers et sous-officiers : elle avait donc perdu, depuis son débarquement, soit en tués, blessés, prisonniers ou laissés en arrière 188 hommes (1).

Arrivés à Longford, nos prisonniers furent

---

(1) Beaucoup de personnes prétendirent quand la notice de M. Octave Fontaine, parut qu'il avait prodigieusement diminué nos forces et ridiculement exagéré celles de nos ennemis : pour réfuter cette opinion qui a été saisie avidement par les ennemis de la gloire française, nous citerons ici un passage de l'auteur anglais J. Gordon :

« On voit avec surprise, dit-il en parlant de l'expé-
» dition de Humbert, *un détachement de soldats* qui
» ne formaient pas même un régiment complet, main-
» tenir si long-temps la guerre dans un pays ennemi,
» pénétrer jusqu'à la distance de cent cinquante cinq
» milles, et braver les efforts de *cent mille* combattans
» enrégimentés sous les ordres d'un des plus habiles
» généraux. »

traités avec distinction : les uns les recevaient comme des amis malheureux, et les autres ne pouvaient s'empêcher de leur témoigner l'estime qu'une conduite magnanime arrache à l'ennemi même le moins généreux.

Le soir la ville fut illuminée : ces réjouissances attristèrent d'abord les prisonniers ; mais bientôt ils furent honorés par ce qui les avait humiliés : il fallait qu'ils eussent été bien redoutables, pour qu'on fût si joyeux de leur défaite. En cette occasion, dit un Irlandais, à l'adjudant-général Fontaine, les Anglais éclairèrent leurs sottises et le triomphe des Français. A Dublin, on ne leur permit pas de se montrer : on craignait que leur seule présence décidât un soulèvement. On les embarqua pour Liverpool, où les soldats restèrent ; les officiers reçurent, sur leur parole, la ville de Lichtfield pour prison : six semaines après ils furent échangés.

Cependant Ballina et Killala, occupées par des garnisons de révoltés irlandais et par quelques Français commandés par les officiers que le général Humbert y avait laissés, étaient encore en notre pouvoir. Le 12 septembre, ils apprirent notre défaite : on la cacha, le plus long-temps qu'il fut possible, aux Irlandais, pour ne pas refroidir leur courage, et les commandans français résolurent de garder ces postes le plus long-temps qu'il fut possible. Lord Cornwallis, occupé à réduire les insurgés du comté de Mayo, ne put envoyer vers ces places que le 20. Le 22, quelques détachemens attaquèrent le capitaine Truc dans Ballina ; après une fusillade très-vive, il se décida à la retraite dès que les Anglais eurent du canon. Il se retira dans Killala.

Le 23, le général Trenck se présenta devant cette place ; il avait 1,200 hommes et cinq pièces d'artillerie: son armée, divisée en deux colonnes, parut en même temps au nord et au sud de la ville. Les officiers français placèrent les Irlandais qui voulaient défendre la ville, sur une hauteur, qui est située près la route de Ballyna : des petits murs leur servaient de retranchemens, et leur permettaient de tirer sur les Anglais, sans craindre leur feu ; mais ils savaient si mal se servir de leurs armes, que tant d'avantages leurs furent inutiles: incommodés par le feu des Anglais qui étaient parvenus à tourner leur position, ils se débandèrent et fuirent en désordre ; les Anglais en firent un carnage affreux : ils ne firent aucun prisonnier, et ils se servirent du prétexte que quelques révoltés s'étaient cachés dans la ville, pour violer l'asile des citoyens paisibles et se livrer au pillage. Les officiers français coururent risque d'être massacrés ; mais ils trouvèrent un asile dans le palais de l'évêque. Ils conservèrent leur épée, et obtinrent la liberté ensuite de retourner en France sans échange. (1) Killala avait été trente-deux jours en notre pouvoir.

Le Directoire français, qui avait été si long à secourir Humbert, s'était décidé enfin à lui en-

---

(1) Nous croyons faire plaisir à nos lecteurs en donnant quelques détails sur la conduite que tinrent ces officiers à Killala, pendant le temps qu'ils y commandèrent : on y verra avec quelle délicatesse ils surent user du droit de conquête pour assurer l'existence des soldats qu'ils commandaient, sans que jamais un seul particulier ait eu le sujet de se plaindre.

Ces détails sont extraits d'un ouvrage du docteur Sloek, évêque de Killala, où sont consignés avec impartialité les détails de notre expédition.

« Ces officiers, Charart, Boudet et Pousu, firent
» respecter l'évêque, sa famille et les citoyens fidèles
» au gouvernement par les insurgés qu'ils commandaient,
» quoique ceux-ci, exaspérés par les vexations qu'ils
» avaient essuyées, brûlassent du désir de se venger....

» Toutes les propriétés furent religieusement respec-
» tées par les troupes ; mais l'état de dénûment où
» elles se trouvaient, obligea ces officiers de composer
» en quelque sorte avec la bonne foi ; ils déclarèrent
» qu'ils attendaient de France des secours en argent (*)
» et ajoutèrent que, dans cet intervalle, tout ce qu'on
» prendrait par nécessité serait payé exactement par
» des traites sur le Directoire qui allait être établi en

(*) Il me semble que ce n'était pas *composer avec la bonne foi* que d'agir ainsi ; je crois qu'ils agissaient de *bonne foi*. Le gouvernement français avait promis à Humbert, que, dès qu'il serait arrivé, il recevrait du secours en hommes et en argent. Ces officiers les attendaient ; en outre les Irlandais-Unis ne s'étaient-ils pas engagés à rembourser toutes nos dépenses.

voyer des soldats, des munitions et de l'argent; mais il était trop tard.

» Irlande. On invita donc les propriétaires des den-
» rées et autres effets dont on aurait besoin, à accepter
» ces traites : ils intéressaient ainsi les habitans de
» Killala à désirer le succès des armes françaises.....
» Ces officiers établirent une police qui eut les plus
» heureux résultats : la ville et ses environs étaient
» divisés en sections soumises chacune à un officier
» élu par le peuple. On organisa une garde pour le
» maintien du bon ordre, avec la condition expresse
» que nul ne serait forcé de sortir de sa section, ni de
» porter les armes contre son souverain : la seule chose
» que les officiers français ne purent obtenir des insur-
» gés irlandais, c'est que les protestans fissent partie
» de cette garde : ils finirent cependant par en faire
» admettre un assez grand nombre..... Quand on
» apprit à Killala que les troupes anglaises avaient
» massacré plusieurs familles des insurgés, ceux-ci
» complotèrent d'emprisonner tous les protestans de
» Killala pour s'en faire des otages et venger sur eux
» la mort de ceux que les Anglais avaient massacrés.
» Ce projet, qui eût jonché de morts les rues de Killala,
» échoua, grâces à la fermeté des trois officiers fran-
» çais. Ce projet se renouvela le 19 septembre, dès
» qu'on connut l'issue du combat de Granard : les
» Français sauvèrent encore une fois la ville, du massa-
» cre dont elle était menacée : ils furent bien secondés
» par l'évêque et l'Irlandais O'Donnel...... etc.

C'est ainsi que trois Français, sans argent, sans soldats, au milieu d'un pays étranger, surent mainte-

Le 16 septembre, un brick aborda sur les côtes de l'île Rutland au nord-ouest de Donegal : il débarqua quelques troupes ; mais elles se rembarquèrent dès qu'elles connurent la prise de l'armée de Humbert.

Le 11 octobre, le plus grand armement de l'expédition parut sur la côte de Donegal ; il consistait en un vaisseau de ligne et huit frégates, portant 5,000 hommes de débarquement. Cette escadre n'ayant pu aborder, elle fut aperçue, le 12, par la flotte anglaise de sir John Borlase Waren. Elle chercha à éviter le combat ; mais il fallut bientôt l'accepter : soldats et officiers développèrent un courage héroïque. Après quelques heures de combat, il fallut céder, et le vaisseau *le Hoche* se rendit : six frégates tombèrent aussi au pouvoir de l'ennemi.

Enfin, le 27 octobre, trois frégates et 2,000 hommes de débarquement parurent dans la baie de Killala ; mais quelques vaisseaux anglais s'étant mis à leur poursuite, elles forcèrent de voile, disparurent bientôt, et regagnèrent sans accident les côtes de France.

Ainsi échoua le seule expédition française, qui eût pu porter un coup sensible à l'Angle-

---

nir 1500 insurgés dans la discipline, et 10,000 habitans dans l'obéissance.

terre. Soldats et officiers rivalisèrent de courage, de talent et de zèle : les chefs du gouvernement d'alors eurent seuls des reproches à se faire dans cette circonstance.

CAMPAGNES EN SUISSE

ET EN ITALIE,

(ROME, PIÉMONT ET NAPLES.)

1798 ET 1799.

GÉNÉRAUX COMMANDANS LES ARMÉES :

Brune,	en Suisse.
Berthier,	à Rome.
Joubert,	en Piémont.
Championnet et Macdonald,	à Naples.

INTRODUCTION.

Les victoires du général Bonaparte avaient forcé l'Autriche à poser les armes. Le traité de Campo-Formio (17 octobre 1797) pacifia l'Italie et l'Allemagne; et le congrès de Rastadt devait aplanir les difficultés qui auraient pu de nouveau ramener les combats. Le continent, après six années de guerre, allait donc goûter les douceurs de la paix : c'était le désir, et ce fut un moment l'opinion générale. Mais l'Angleterre, du fond de son île, bravait encore nos bataillons, et ses intrigues soufflaient la guerre au milieu même des réjouissances de la paix. Le cabinet de Vienne, malgré ses défaites, avait encore 200,000 soldats, et sentait qu'ils pourraient un jour lui reconquérir la riche Lombardie; les princes, qui dominaient à Turin, à Florence, à Rome et à Naples, voyaient avec chagrin l'esprit républicain se propager à Gênes et à Milan, et n'attendaient qu'un moment favorable pour étouffer ces naissantes républiques; la Russie, long-temps étrangère aux démêlés du Midi et du Couchant de l'Europe, commençait à s'immiscer dans nos contestations, et contractait une alliance secrète avec l'Autriche et l'Angleterre : le Directoire, lui-même, qui avait tant de fois reproché aux Puissances européennes leur obstination à continuer la guerre, la croyait nécessaire à son soutien : il voulait dissimuler sa faiblesse et occuper la nation, soit par la crainte des défaites, soit par l'enthousiasme de la victoire. La paix n'avait donc été, de la part des parties contractantes, qu'un moyen pour se préparer à la guerre : c'était une trêve.

Dans l'intervalle qui s'écoula entre cette paix et la campagne de Zurich, nos armées cueillirent plus d'un laurier. L'Egypte et l'Irlande tremblèrent devant nos bataillons; Rome, qui avait versé le sang du brave Duphot, vit flotter l'étendard tricolore au sommet du Capitole; les Cantons suisses voulurent en vain résister à nos armes : ils avaient refusé d'écouter les conseils de la République; 20,000 braves allèrent leur intimer ses ordres; la cour de Turin, pour prix de ses sourdes menées avec les ennemis de la France, fut obligée de céder à l'armée de Joubert les forteresses qui défendent les passages des Alpes, le riche arsenal de Turin, et les immenses magasins d'armes et de munitions qu'elle formait pour armer l'Italie septentrionale, contre la domination française; enfin, la cour de Naples qui, dans sa folle présomption, avait cru pouvoir, à elle seule, terrasser cette puissance dont les victoires avaient forcé l'Europe entière à demander la paix, vit 60,000 de ses soldats fuir lâchement devant quelques-unes de ces vieilles phalanges qui, de l'Ebre au Zuiderzée, et de l'Irlande au Danube et au Tibre, avaient gagné autant de victoires qu'elles avaient livré de combats.

Il n'entre pas dans notre plan d'examiner quelles furent les causes de ces guerres, et si les intrigues de l'Angleterre ou la politique de la France les suscitèrent; mais notre but est de relater les belles manœuvres et les actes de courage qui ont fixé la victoire sous nos enseignes. Déjà l'expédition d'Egypte (1) et celle d'Irlande (2), ont été retracées à nos lecteurs : nous

---

(1) Voyez tome 4, chap. VII, page 160.
(2) Voyez au commencement de ce volume.

allons maintenant suivre nos armées dans les États romains ; la campagne en Suisse nous occupera ensuite; et, après avoir consacré quelques pages à l'occupation du Piémont, nous terminerons ce rapide tableau de nos victoires par la conquête de Naples.

§. I.

Occupation des États du Pape.

Février 1798.

BERTHIER, général, commandant l'armée française.

Les derniers jours de l'année 1797 avaient été marqués en Italie par un outrage sanglant, fait au nom Français. Les brigues de l'Angleterre et de la cour de Naples avaient organisé, à Rome, une insurrection contre le parti français, et l'ambassadeur de la République fut attaqué dans le palais Corsini, sans que le Gouvernement papal s'opposât efficacement aux attaques des séditieux; voici l'extrait d'une lettre où notre ambassadeur, Joseph Bonaparte, rendait compte de cet événement. « .... Déjà des mouvemens inquiets avaient manifesté cette insurrection.

» Le 7 nivose, à quatre heures du matin, on était venu m'annoncer qu'il y avait un rassemblement à la villa Médicis, composé de 80 à 100 hommes ; qu'une patrouille romaine avait été attaquée, et que deux soldats du souverain Pontife avaient été tués..... »

« A deux heures de l'après-midi, une vingtaine d'hommes se présentèrent pour entrer dans le palais : les portes furent fermées, et les officiers qui s'étaient réunis auprès de moi, me demandèrent l'ordre de les dissiper par la force : je refusai cette généreuse proposition, qui prouvait leur dévouement. En sortant de mon cabinet, nous entendîmes une décharge prolongée : c'était un piquet de cavalerie qui entrait dans ma juridiction, sans m'en prévenir, et l'avait traversée au galop : la foule s'était alors précipitée dans la cour et sur les escaliers. Je rencontrai sur mon passage des mourans, des fuyards intimidés et des frénétiques audacieux. Une compagnie de fusiliers avait suivi les cavaliers de près ; je la trouvai s'avançant vers mon palais..... Elle s'arrêta..... Je lui enjoignis de se retirer ; elle recula..... Je m'avançai vers les attroupés, qui s'étaient réfugiés dans l'intérieur des cours ; quelques-uns se rapprochaient des troupes à mesure qu'elles s'éloignaient. Je leur criai que le premier qui ferait un mouvement, recevrait un châtiment exemplaire : aucun ne bougea. Alors le général Duphot, l'adjudant-général Scherlock, deux autres officiers et moi, nous tirâmes nos sabres, et contînmes cette troupe armée de stilets et de pistolets : mais à l'instant même les fusiliers, qui ne s'étaient retirés que pour se mettre hors de la portée des pistolets, firent une décharge générale ; quelques balles allèrent tuer quelques hommes aux derniers rangs. Je charge aussitôt le citoyen Beauharnais et l'adjudant-général Arrighi de tenir en respect cette troupe que des sentimens différens agitent; et, suivi de Duphot et Scherlock, je vole vers la compagnie de fusiliers pour lui persuader de cesser son feu, et de se retirer : je leur crie de sortir de la juridiction de France, que je me chargeais de faire éloigner les attroupés, et qu'ils n'eussent qu'à détacher pour cet effet quelques-uns de leurs officiers ou sous-officiers au Vatican, chez le général, ou chez le gouverneur de Rome, ou chez quelque sénateur ; et qu'alors tout se terminerait tranquillement.

» Ma voix n'est pas écoutée ; le trop brave Duphot, accoutumé à vaincre, s'élance, et se trouve bientôt au milieu des baïonnettes des Romains : il pare d'une main les coups qu'on lui porte, de l'autre il empêche ceux qui l'entourent de charger leurs armes : nous le suivons par un instinct national. Il était l'ami des deux partis : il était pacificateur ; et eût-il été considéré comme ennemi, il était au milieu de leurs rangs, il était leur prisonnier. Il est entraîné jusqu'à une des portes de la ville, nommée Septimiana ; je vois un soldat qui lui décharge son mousquet au milieu de la poitrine : il tombe, et se relève en s'appuyant sur son sabre. Je l'appelle ; il revient à nous ; un second l'étend sur le pavé ; plus de cinquante coups se dirigent encore sur son corps inanimé..... L'adjudant-général Scherlock n'a point été frappé ; il voit tomber son brave camarade ; tous les coups vont se diriger sur nous. Il m'indique une route détournée qui nous conduit aux jardins du palais, nous soustrait aux coups des assassins de Duphot et à ceux d'une autre compagnie qui arrivait, fit feu de l'autre côté de la rue, et cherchait à pénétrer dans le palais. En y entrant, nous trouvâmes les cours encombrées par les lâches et astucieux scélérats qui avaient préludé cette scène horrible ; les escaliers, couverts de sang, étaient remplis de morts et de mourans : on parvint alors à fermer les portes de l'hôtel.....

» Cependant la fusillade continuait dans la rue et contre la porte du palais : les antichambres étaient pleines de gens dont j'ignorais les intentions ; je tremblais pour mon épouse, pour ma belle-sœur, qui le lendemain devait épouser l'infortuné Duphot......

» Je fis appeler mes domestiques : trois étaient absens, un avait été blessé ; je fis préparer, dans l'aile du palais que j'habitais, les armes qui nous avaient servi en voyage. Un sentiment d'orgueil national, que je ne pus vaincre, dicta à quelques-uns des officiers le projet d'aller enlever le cadavre de leur malheureux général. Ils y réussirent à l'aide de plusieurs domestiques fidèles, en passant par un chemin détourné, malgré le feu incertain et hasardé que la soldatesque et la populace faisaient continuellement sur ce qui était soupçonné d'appartenir aux Français. Ils trouvèrent le corps de Duphot dépouillé, percé de coups, souillé de sang et de boue, et couvert de pierres.....

» Il était six heures du soir : déjà deux heures s'étaient écoulées depuis le massacre de Duphot, et aucun membre du Gouvernement n'avait paru à mon hôtel ; le désordre continuait, et aucune mesure ne paraissait avoir été prise pour l'arrêter ; je me décidai alors à quitter Rome.....

» Je me rendis à Florence, après avoir assuré l'état du peu de Français qui restaient à Rome..... »

Aussitôt que le Directoire eut connaissance de cet attentat, il donna ses ordres pour en tirer promptement une éclatante vengeance. Le 12 janvier 1798, le général Berthier reçut à Milan, l'ordre de faire marcher les troupes de l'armée d'Italie sur Rome, et d'occuper les états du Pape. Sur-le-champ deux colonnes, d'environ 800 hommes chacune, se mettent en marche. Arrivé à Macerata, Berthier prend les devants à la tête d'une forte avant-garde, et enlève en passant le commandant de Lorette, qui opposa une faible résistance. Il avance, en dissipant devant lui quelques bandes de paysans, soudoyés par la cour de Naples. A Storta, il fait halte, attend le gros de son armée, et détache quelques brigades pour maintenir l'Ombrie, où le feu de l'insurrection s'étendait. A Pontemolle une députation vient essayer d'arrêter sa marche, et le supplier de ne pas faire entrer ses troupes dans Rome : Berthier oppose les ordres formels qu'il a reçus de son gouvernement, exige l'évacuation du château Saint-Ange, et se rend sur-le-champ au Capitole, où les principaux habitans viennent lui annoncer qu'ils ne reconnaissent plus l'autorité du Pape, et qu'après avoir ressaisi leur liberté, ils ont proclamé la République romaine.

Berthier rassemble son armée, et le peuple vient en silence se grouper autour de nos drapeaux. Après avoir, au nom de la République française, reconnu la République romaine, le général français ajoute :

« Mânes de Caton, de Pompée, de Brutus, de Cicéron, d'Hortensius, recevez l'hommage des Français libres, dans ce Capitole où vous avez tant de fois défendu les droits du peuple, et illustré la République romaine !

» Les enfans des Gaulois, l'olivier de la paix à la main, viennent dans ce lieu auguste rétablir les autels de la Liberté, dressés par le premier des Brutus.

» Et vous, peuple Romain, qui venez de reprendre vos droits légitimes ; rappelez-vous le sang qui coule dans vos veines : jetez les yeux sur les monumens de gloire qui vous environnent ; reprenez votre antique grandeur et les vertus de vos pères. »

Berthier s'occupa de la tranquillité publique : une proclamation fit connaître les intentions pacifiques de l'armée française, si l'ordre régnait dans la ville ; mais elle demandait aussi la réparation due aux mânes de Duphot. Un monument fut élevé au lieu où il reçut la mort (1), et quelques personnes soupçonnées d'avoir excité ses assassins furent mises en arrestation, et de ce nombre fut le cardinal Albani.

---

(1) Sur les quatre façades d'une pyramide, on grava l'inscription latine suivante :

Honori et memoriæ
N.... Duphot, Civilis galli
Tribuni legionis.
Vix annum...... mil...... ann......
Occubuit Romæ
Perfidiosissimorum hominum
Proditione interceptus,
Mensis nivalis VII ineunte anno VI.
Æternum ave et vale
Fortis anima :
Jam tibi premit ossa levis
Libera tellus.

Le Pape, à l'abri de toute insulte, mais sans pouvoir et sans considération, resta quelque temps à Rome ; mais il se retira enfin à Sienne, puis à Florence, d'où il passa à Cagliari.

L'armée française était entrée sans résistance à Rome ; mais elle était forcée de livrer de fréquens combats dans plusieurs provinces. Celles qui opposèrent le plus de résistance furent frappées de fortes contributions : Rome n'eut à payer que l'entretien des troupes qui l'occupaient, et les contrées qui avaient posé les armes à notre approche, ne furent imposées qu'à deux millions, à titre de prêt, qu'elles eurent le choix d'acquitter en argent ou denrées. Des malveillans essayèrent bientôt de troubler l'ordre ; quelques Français isolés furent massacrés : on arrêta les coupables, et ils furent jugés militairement dans les vingt-quatre heures. Ils saisirent encore une autre occasion de lever l'étendard de la révolte lorsque le général Berthier quitta le commandement de Rome ; mais ce fut en étouffant leurs projets, qu'il signala le dernier acte de son autorité.

Au milieu de la nuit, plusieurs de nos postes, surpris par les factieux, sont égorgés, et au point du jour ils se rendirent maîtres du pont Sixte, et de toutes les issues qui y conduisent. Dès que Berthier en est instruit, il se met à la tête des troupes ; les révoltés lui cèdent le terrain ; mais, soutenus par quelques bandes de paysans armés, ils osent attendre nos bataillons près de la porte Romaine; abordés au pas de charge, ils ne peuvent soutenir notre choc, fuient, se dispersent; et bientôt le calme le plus parfait règne dans cette ville, naguère si tumultueuse. A ce calme succéda le plus affreux tumulte; les mutins, revenus de leur première terreur, se précipitent vers le château Saint-Ange, et tentent de s'en emparer; mais ils sont reçus par une décharge à mitraille, et la place Saint-Ange est bientôt couverte de morts et de mourans : Berthier survient, achève la défaite des insurgés, reprend quelques postes, qu'ils nous avaient enlevés dans la nuit, et détache le général Murat qui se met à la poursuite des fuyards.

Murat apprit bientôt que l'insurrection s'était propagée des murs de Rome aux frontières de Naples et de la Toscane. Partout les émissaires de l'Angleterre répandaient l'or à pleine main, distribuaient des armes, et annonçaient la marche d'une armée autrichienne. De nombreux partis parcouraient la campagne et cherchaient à surprendre nos postes. A Castel Gaudolfo, Murat culbute une forte colonne qui cherchait à l'éviter et à se jeter dans Rome. A Albani, à Velletri, à Cocca-di-Papa, il livre de nouveaux combats, et force tous les partis qu'il rencontre à se dissiper. Quelques villages, qui osent résister, deviennent la proie des flammes, et partout on prend des ôtages, comme gages de la tranquillité future : quelques actes de sévérité ramenèrent enfin l'ordre à Rome et dans ses environs ; vingt-deux chefs de la révolte, pris les armes à la main, furent fusillés, sans que le moindre mouvement séditieux eût lieu en leur faveur.

Cependant le voisinage des troupes napolitaines, qui déjà se réunissaient sur la frontière, entretenait le feu de la révolte dans les provinces des Etats Romains, qui sont à l'est de Rome. Terracine, surtout, s'était signalée, et le commandant français y avait été horriblement massacré ; l'adjudant-général Maurice Mathieu, à la tête de 200 hommes, de la 12ᵉ demi-brigade, de 200 Polonais, de 50 chasseurs à cheval, et avec 2 pièces de canon, marcha pour réduire cette ville. 3,000 insurgés, commandés par des officiers expérimentés, s'y étaient retranchés : 19 pièces de canon couronnaient les ouvrages qu'on avait élevés ou réparés.

Dès que l'adjudant-général Maurice Mathieu eut reconnu la position de l'ennemi, il ordonna l'attaque ; elle fut impétueuse ; mais les insurgés, favorisés par leur position, et animés par la vengeance et la crainte d'une sévère punition s'ils sont vaincus, se battent bravement et repoussent nos premières attaques. Pendant huit heures la lutte est indécise et meurtrière ; mais un dernier effort nous rend vainqueurs, et les insurgés sont

3 *.

ex'erminés : le massacre est horrible. Nos soldats, furieux de la résistance, n'épargnent rien ; la ville est enlevée à la pointe de l'épée, les canonniers sont massacrés sur leurs pièces qui tombent en notre pouvoir, et plus de 1,000 insurgés restent sur le champ de bataille.

Notre perte fut aussi considérable ; mais jamais le courage et la constance des soldats français ne parut avec un plus vif éclat. Toutes les ordonnances de l'adjudant-général Maurice Mathieu furent tuées ; son aide-de-camp Lacroix eut la cuisse traversée d'une balle, et l'adjudant-général lui-même eut son cheval tué sous lui.

C'est ainsi que se termina une révolte, qui eut pu avoir les suites les plus funestes pour le salut du petit nombre de nos braves soldats qui occupaient cette contrée. Le zèle, le dévouement du général Berthier, le talent et l'activité des officiers qui commandaient sous lui, arrêtèrent ainsi le mouvement qui allait se communiquer à toute l'Italie.

Le général Berthier quitta bientôt Rome, et nous n'eûmes plus de combats à livrer dans cette contrée jusqu'au moment où les Napolitains commencèrent les hostilités.

§. II.

Campagne en Suisse. — 1798.

Brune et Schawembourg, Généraux en chefs.

L'Europe entière s'était liguée contre la France : la Suisse seule avait gardé la neutralité, et n'avait pas voulu rompre la bonne intelligence qui, depuis deux cents ans, régnait entre deux peuples dignes de s'estimer. Il appartenait au Directoire, à ce gouvernement faible et machiavélique, de payer cette loyauté, en portant la guerre au milieu de ces habitations paisibles, où aucun cri de guerre n'avait retenti depuis qu'ils étaient affranchis du joug des Autrichiens. Le Gouvernement français, qui n'avait aucune plainte à former contre les Suisses, s'immisça dans les démêlés qui s'étaient élevés entre le pays de Vaud et les cantons de Berne et de Fribourg, afin d'avoir un prétexte pour entrer en Helvétie : il se déclara l'allié, le protecteur du pays de Vaud. D'anciens traités l'avaient rendu garant des droits politiques de ce pays : il se présenta comme médiateur, et fit marcher des armées pour faire respecter son intervention. Le pays de Vaud demandait à former un quatorzième canton de la République helvétique ; mais Fribourg et Berne, qui gouvernaient ce pays, refusaient de satisfaire à cette juste demande. Le canton de Berne surtout, où quelques familles s'étaient emparées de toute l'autorité, et gouvernaient cette république avec autant de despotisme que l'eût fait le sénat de Venise ou un despote d'Asie, s'y opposait hautement. Quelques citoyens suisses, blessés de s'entendre traiter de *sujets*, sous un gouvernement républicain (1), crurent la conjoncture favorable pour rétablir l'égalité parmi eux, et s'unirent aux patriotes du pays de Vaud. Berne et Fribourg armèrent alors pour étouffer l'insurrection qui se préparait, et pour s'opposer aux armées françaises qui marchaient vers leurs frontières.

En effet, le général Menard était à Carrouge, à la tête d'une forte division. Il avait reçu l'ordre de faire sommer le colonel suisse Weiss, qui rassemblait des troupes à Iverdan, de les licencier sur-le-champ, s'il ne voulait pas attirer la vengeance de la République française, qui se déclarait la protectrice du pays de Vaud. Il chargea le capitaine Autier, son aide-de-camp, de porter cette sommation, et le fit escorter par deux hussards.

En passant à Moudon, il trouva les Vaudois

---

(1) Les *magnifiques seigneurs*, titre des membres de l'oligarchie bernoise, traitaient de *sujets* les nombreux habitans du canton de Berne et du pays de Vaud.

en armes et se préparant à combattre les Bernois : on voulut lui donner une forte escorte, mais il crut devoir la refuser, et permit seulement que deux dragons se joignissent aux hussards qui l'accompagnaient. Arrivé à Thierens, à deux lieues au nord de Moudon, il fut tout à coup assailli par un poste de troupes bernoises, ses deux hussards tombent morts, un des dragons vaudois, grièvement blessé, est prisonnier, et c'est avec la plus grande peine que le capitaine Autier parvient à sortir de sa voiture et à regagner Moudon. Les habitans y étaient instruits de l'insulte qu'il venait de recevoir : réunis aux milices de Lauzanne, ils voulaient aller porter la flamme dans le village de Thierens ; le capitaine modère ce zèle, et il obtient d'eux qu'ils se borneront à chasser les troupes qui occupent ce village : les Vaudois le promettent, et sont fidèles à leur parole ; l'ennemi fut repoussé, et le village n'eut rien à supporter de la part des vainqueurs.

Le général Menard dut voir un commencement d'hostilité dans cette attaque ; en conséquence, il fit traverser le lac de Genève à ses troupes, entra dans le pays de Vaud, et établit son quartier-général à Lauzanne, le 18 janvier ; ce fut le général Rampon qui conduisit son avant-garde.

Nous trouvâmes le pays de Vaud entièrement soulevé : il avait proclamé son indépendance, et avait pris le titre de République lémanique. Le général Menard occupa tout le pays, établit ses avant-postes sur les frontières du canton de Fribourg, et attendit des ordres pour agir contre les cantons.

Berne et Fribourg firent un appel aux autres cantons pour repousser l'armée française. Soleure le premier y répondit; et, après bien des hésitations, les autres cantons, excepté celui de Bâle, se prononcèrent pour repousser la force par la force.

Le Directoire fit marcher alors une autre armée contre la Suisse : le général Schawembourg la commandait, et, à la tête de 17,000 hommes, il déboucha par le département du Mont-Terrible. Dans le pays de Vaud, l'armée du général Menard passait sous les ordres du général Brune, qui avait ordre d'opérer le plus tôt possible sa jonction avec Schawembourg. Nous allons suivre d'abord les opérations du général Schawembourg, et nous reviendrons ensuite à celles de l'armée de Brune.

Le 1er. mars, le chef d'état-major de l'armée bernoise annonça au général Schawembourg, qui était cantonné dans la vallée d'Erguel, que les hostilités allaient commencer. Aussitôt nos colonnes s'ébranlèrent, et le 2, après une légère escarmouche, elles arrivèrent devant Soleure, qui ouvrit ses portes sans résistance. Notre avantgarde passe l'Aar, et le 4, au matin, elle se trouva à Schahiren. Tandis que le gros de l'armée était à Lohn, on marchait sur Berne. Le 5, nous rencontrâmes l'avant-garde bernoise, dans un bois au de-là de Schahiren. La 14e. légère commença l'attaque : elle fut reçue par un feu très-vif; mais les Bernois se retirèrent dès que notre artillerie commença à être en ligne, et ils allèrent prendre position sur les hauteurs de Fraubunner. Là, le combat recommença; la canonnade fut des plus vives; les Suisses résistèrent avec courage : mais notre artillerie dépeuplait leurs rangs, et ils battirent en retraite, en bon ordre, jusqu'à Arteren, où ils tentèrent de nouveau de nous arrêter. Aussi braves, mais non plus heureux qu'à Schahiren et à Fraubunner, les Bernois nous cédèrent encore le terrain. Quoique vivement poursuivis, ils se rallient au défilé d'Altmerkingen. Là, la route, resserrée entre une forêt de pins et des rochers escarpés, présente un défilé difficile à franchir en présence de l'ennemi; le général Schawembourg fit reconnaître la forêt; des marais en défendaient les approches : ainsi, la droite et la gauche de l'ennemi paraissaient inattaquables, et des abattis nombreux, derrière lesquels des tirailleurs étaient embusqués, défendaient son front. Après avoir examiné les points d'attaque les plus abordables, le général Schawembourg dirigea trois compagnies de la 89e. demi-brigade vers notre gauche, pour gravir les rochers qui défendaient la droite de l'ennemi; quatre compagnies de la 14e. et un bataillon de la 89e., après un long détour, évitèrent les marais et pénétrèrent dans la forêt à laquelle s'appuyait la gauche des Suisses. Dès que ces détachemens furent en mesure, l'artillerie légère attaqua de front et balaya les tirailleurs, qui étaient postés entre les abattis. L'impétuosité de cette attaque, l'ensemble avec lequel elle fut exécutée, ne permit pas à l'ennemi de résister long-temps. Il se retira précipitamment, et ne put le faire avec ordre: il perdit beaucoup de monde, et nous laissa son artillerie. Cette affaire, où nous n'éprouvâmes qu'une perte légère, fit le plus grand honneur au chef de brigade Ruby, qui l'avait dirigée.

L'armée crut que ce combat serait le dernier de la journée, et l'on se préparait à entrer dans Berne sans résistance, lorsque l'armée bernoise, ralliée à la voix de ses chefs, vint encore nous présenter bataille sur les hauteurs en avant de Berne. Une nombreuse artillerie, tirée de Berne, avait remplacé celle que nous avions prise à Altmerkingen, et, pour la cinquième fois de la journée, un ennemi, toujours vaincu, venait encore nous disputer la victoire.

Le feu de l'artillerie bernoise gênait le déploiement de nos colonnes; alors le général en chef ordonna à notre cavalerie (le 7e. et le 8e de hussards) de charger: cet ordre exécuté avec autant de rapidité que de succès, fait tomber les canons en notre pouvoir; les hussards poursuivent les fuyards, et déjà ils allaient s'emparer des portes de Berne et enlever tout moyen de retraite aux vaincus, lorsque des députés vinrent demander une capitulation : elle fut bientôt réglée, et nous fûmes maître de la ville avant le coucher du soleil. Les troupes bernoises mirent bas les armes, et chaque citoyen dut rentrer dans ses foyers : 29 drapeaux nous furent remis, et les milices étrangères au canton de Berne furent renvoyées, avec promesse de ne plus s'armer contre la France. Le général Schawembourg dirigea aussitôt son avant-garde, pour opérer sa jonction avec les troupes du général Brune.

Celui-ci, aussitôt après son arrivée dans le pays de Vaud, avait transporté son quartier-général aux frontières du canton de Fribourg, à Saverne; et, après avoir annoncé dans une proclamation qu'il allait marcher, non pour ravir la liberté aux braves Helvétiens, mais pour les affranchir du joug oligarchique, il commença les hostilités. Le 2 mars, son avant-garde, commandée par le général Pigeon, parvint sous les murs de Fribourg. La ville fut sommée d'ouvrir ses portes sur-le-champ, et les magistrats demandèrent deux heures, afin de faire évacuer, sans désordre, un détachement de troupes bernoises et les milices des campagnes qui étaient venues pour défendre la ville. La réclamation parut juste, et le général Pigeon s'empressa d'y accéder. Mais bientôt le tocsin retentit de toutes parts; des bandes de paysans armés se précipitent dans la ville, par les routes opposées à celles que nos troupes occupent, et viennent les braver du haut des murailles. Le général Pigeon arrête nos soldats, qui déjà se précipitaient pour l'attaque, fait faire une nouvelle sommation, et ordonne enfin l'assaut, lorsqu'une députation des bourgeois lui ont annoncé que les troupes refusaient d'obéir aux magistrats, et que les paysans armés demandaient à défendre la ville avec des cris de rage.

Tandis que les colonnes s'avancent pour escalader les murailles, quelques obusiers tirent sur la ville et y jettent l'effroi. Des brèches, pratiquées par le canon, ouvrent un chemin à nos troupes, qui s'élancent sur 500 paysans et 1,500 Bernois, qui étaient entassés, sans ordre, derrière les murailles: la fusillade s'engage, et les rues de Fribourg deviennent un champ de carnage. Les Fribourgeois et leurs alliés, qui éprouvent des pertes énormes, s'ébranlent enfin, et sortent de Fribourg, mais enlèvent avant toute l'artillerie et 2000 fusils qui étaient dans l'arsenal. Le général Pigeon instruit de cette circonstance, donne les ordres les plus prompts pour que les fuyards, vivement poursuivis, soient contraints d'abandonner ces objets: ses ordres, ponctuellement exécutés, eurent les plus heureux succès ; presque tous les canons et les fusils furent repris, et grand nombre de prisonniers tombèrent en notre pouvoir. Fribourg, prise d'assaut, n'éprouva aucun des malheurs qui d'ordinaire accablent les villes prises de vive force.

Ce combat coûta 400 hommes à l'ennemi, et notre perte fut très-légère. Le général Brune donna des éloges à la bravoure des soldats, loua leur exactitude à la discipline, et fit quelques promotions; on remarqua celle du sergent Barbe, qui, à la tête de 12 braves, avait le premier escaladé les murailles de Fribourg.

Pendant que le général Pigeon enlevait Fribourg, l'adjudant-général Rampon occupait, sans beaucoup de résistance, Morat. Le 3, deux bataillons, composés d'habitans de l'Yonne et de la Côte-d'Or (Bourgogne), allèrent détruire le monument ossuaire, qui, depuis 1476, attestait la victoire mémorable que les Suisses avaient remportée sur 60,000 Bourguignons, que commandait le duc Charles-le-Téméraire. Déjà à Soleure, le général Schawembourg avait resaisi les drapeaux bourguignons que l'on conservait dans l'arsenal de cette ville. Ce fut des cris de joie que le monument de Morat fût détruit; et le lendemain, les braves Bourguignons, fiers d'avoir effacé l'affront qui, depuis quatre siècles, pesait sur eux, coururent au combat, pour que ces montagnes, qui avaient été témoins de leur défaite, le fussent aussi de leur triomphe.

Le 4, le général Pigeon se dirigea sur Berne, et trouva, à Neuemek, le passage de la Seuse défendu par un corps nombreux et beaucoup d'artillerie. Au même moment, Rampon, après avoir quitté Morat, menaçait le poste de Gümenen : ce défilé était défendu par des retranchemens armés de canons, et eût pu arrêter une armée entière. L'adjudant-général Rampon se contenta d'inquiéter l'ennemi par ses démonstrations, et fit marcher une de ses colonnes sur le village de Larpeu, au confluent de la Seuse dans la Sarine.

Le 5 mars, à quatre heures du matin, l'attaque du pont Neuemeck commença. La première victime de cette journée meurtrière fut le brave sous-lieutenant Barbe, qui, deux jours auparavant, s'était si bien montré à l'assaut de Fribourg. Le premier, il se présenta à la tête d'un détachement pour franchir le pont, et il fut emporté par un boulet de canon. Les Suisses se battirent avec le plus grand courage: le talent de leurs officiers retarda long-temps nos succès; et ce ne fut qu'après cinq heures des attaques les plus vives, que la victoire se déclara en notre faveur. 800 ennemis restèrent sur le champ de bataille; 3,000 prisonniers, vingt canons, sept drapeaux, furent les trophées de cette journée.

La 18e. demi-brigade et la 2e légère montrèrent beaucoup d'intrépidité: parmi nos blessés, on cita avec éloge le chef de brigade Fugière, le chef de bataillon Dumoulin; les capitaines Largier et Chaslat; le lieutenant Morin et Dominique, et le sergent Tioche.

Le passage de la Seuse nous ouvrait le chemin de Berne, et l'ennemi, pour couvrir cette ville, rappela le corps qui défendait Gümenen, et il ne resta que peu de troupes à ce poste important: Rampon, qui, depuis la veille, le menaçait, s'en aperçoit, l'attaque, force le pont et s'empare des premières batteries. Vers le soir, il aperçoit quelques mouvemens dans les troupes ennemies; il les attaque et reste maître de tout le village. Les troupes bernoises, qui venaient d'apprendre l'entrée du général Schawembourg à Berne, se retirèrent en hâte. Rampon rejoignit le général Pigeon, et dans la nuit ils opérèrent leur jonction avec l'armée de Schawembourg. Le 6, le général Brune arriva à Berne, et prit le commandement en chef des deux armées.

La première opération du général en chef fut le renvoi de tous les prisonniers: ils donnèrent leur parole de ne plus servir contre la France, rentrèrent dans leurs foyers et tinrent exactement leurs promesses. Les troupes furent réparties sur les frontières des deux cantons conquis, et des contributions furent levées pour leur entretien. Pendant ce temps, quelques cantons secouaient le joug oligarchique qui pesait sur eux, et adoptaient les formes démocratiques que nous venions de faire adopter à Berne et à Fribourg.

Le Gouvernement français avait vengé les habitans du pays de Vaud, et les avait rendus à la liberté; les Suisses espérèrent alors que leur territoire serait évacué. Mais le Directoire avait résolu de détruire l'acte fédératif qui unissait les cantons, et d'y substituer une constitution *à la française*. Il voulut créer un Directoire helvétien, tel qu'il en avait déjà imposé à Gênes, à Milan, à Rome et à Amsterdam.

Le général Brune, qui venait d'être nommé au commandement de l'armée d'Italie, signifia, avant de quitter l'Helvétie, la volonté du Directoire aux cantons. Ceux d'entre eux qui étaient habitués aux formes du gouvernement aristocratique, se plièrent, sans trop de murmures, aux ordres du Gouvernement français; mais Schwitz, Uri, Appenzel, Glaritz, Zug, Underwald, qui depuis deux siècles jouissaient de leur liberté et de la paix sous un gouvernement purement démocratique, ne voulurent pas limiter, par des formes constitutionnelles, cette liberté dont ils n'avaient jamais fait d'abus. Ils exposèrent avec franchise le motif de leur répugnance, et y joignirent de sages et justes représentations. Le Directoire, pour toute réponse, fit signifier que la constitution qu'il présentait devait être acceptée purement et simplement dans un délai de quinze jours.

La fierté républicaine des Helvétiens se révolta de tant de despotisme : les cantons démocratiques coururent aux armes ; les partisans de l'oligarchie profitèrent de cette circonstance pour soulever quelques vallées, et les combats recommencèrent. La première hostilité des Cantons opposans, fut la prise de Lucerne, qui avait accepté la constitution française, et ils se disposèrent à marcher sur Arau, qui était le siége du nouveau Gouvernement.

Le général Schawembourg, qui avait succédé à Brune dans le commandement en chef, dirigea ses colonnes, et envoya des ordres pour faire rentrer les insurgés dans la soumission.

Zurich fut occupé par nos troupes le 25 avril, et sur-le-champ on marcha sur Mellingen, sur la Reuss, où étaient réunis plus de 2,000 insurgés. La colonne française, forte d'environ 500 hommes, attaqua, dès qu'elle fut à portée de fusil ; et les hussards du 8e. chargèrent avec tant d'impétuosité, que près de 200 ennemis périrent dans la première charge: ce combat ne fut pas de longue durée; les Suisses, vaincus, gagnèrent les montagnes, où ils ne purent être poursuivis par notre cavalerie.

En marchant sur Zug, le général Jordy enleva le couvent de Muri, où il prit 20 canons; et ayant forcé, le même jour, le passage de la Reuss au village de Sein, il arriva devant Zug, où 3,000 hommes cherchaient à se défendre: ils furent attaqués, et bientôt forcés à mettre bas les armes. On trouva dans cette ville 6,000 fusils, 12 canons et autant de drapeaux.

Le lendemain, 30 avril, nous entrâmes dans Lucerne, dont les insurgés d'Underwald s'étaient rendus maîtres, ainsi que nous l'avons dit, au commencement de leur insurrection. Le 1er. mai, ils furent atteints à Raperswil et à Feldbach, où ils combattirent avec courage et nous disputèrent quelque temps la victoire. Le 2, ils nous attendirent sur les coteaux de Rietenwils; mais après avoir perdu plus de 300 hommes, ils se dispersèrent, et furent quelques jours sans tenir la campagne.

Pendant que nous livrions ces combats au centre de l'Helvétie, les Grisons et les Valais étaient le théâtre d'une guerre, où l'acharnement était porté à son comble: les troubles des Grisons furent néanmoins promptement apaisés; mais dans le Valais, il fallut un exemple terrible pour y ramener le calme. Le général Lorge, qui y commandait, ayant sous ses ordres 2,400 hommes, infanterie et cavalerie, marcha aux insurgés; et après les avoir chassés de plusieurs postes importans, leur livra un sanglant combat sur les bords du torrent de la Morge, dont ils voulaient nous faire une barrière insurmontable. Mais nos soldats, bravant et la furie du torrent et le feu des Helvétiens, enfoncèrent leurs bataillons, et en firent un affreux carnage ; ceux-ci, battus et non vaincus, se renfermèrent dans Sion, et se préparèrent à une vigoureuse défense. En vain le général Lorge les somma plusieurs fois d'évacuer la ville : toujours ils répondirent à coups de canon. Un officier, escorté d'un peloton de hussards, s'étant avancé à portée de fusil pour leur porter une dernière fois des paroles de paix, il tomba percé de balles, ainsi que la plupart de ceux qui l'escortaient. De ce moment, il ne fut plus possible de retarder l'attaque ; les troupes, qui depuis long-temps brûlaient d'exterminer leurs ennemis, s'ébranlèrent sans attendre les ordres, et commencèrent le combat. Sion fut emportée d'assaut : en vain les insurgés et les habitans se défendent de rue en rue, de maison en maison, de chambre en chambre ; partout le fer de nos soldats moissonne ces victimes de la liberté, dignes d'un meilleur sort par leur courage que rien ne peut égaler, si ce n'est celui des braves qui les combattent. Enfin, les Valaisans mirent bas les armes : 800 des leurs avaient trouvé la mort, et plus de 2,000 étaient ou grièvement blessés ou prisonniers ; le pillage dura six heures : 7 canons et 8 drapeaux restèrent

TOM. VII. 4

entre nos mains. Notre perte fut très-considérable.

Cependant une autre bande d'insurgés, après le combat de la Morge, avaient remonté ce torrent, et le capitaine de Montferra était à sa poursuite : il eut des attaques sans nombre à surmonter pour atteindre les rebelles. Du haut de leurs montagnes, ceux-ci l'accablaient de pierres et de quartiers de roches qu'ils faisaient rouler dans nos rangs; leurs tirailleurs nous surprenaient à chaque instant, et nous échappaient facilement par des sentiers qu'eux seuls connaissaient : ils furent atteints et dispersés; enfin, le capitaine Montferra rentra dans Sion.

Ces différens combats, dont le succès avait été si désavantageux aux Suisses, diminua l'esprit d'insurrection qui les avait soulevés; et pendant les mois de juin et de juillet, il n'y eut que quelques attroupemens de mécontens; et encore se dissipèrent-ils à la première sommation, ou aux premiers coups de canon. Mais en août, et surtout en septembre, plusieurs circonstances se réunirent pour rallumer la soif des combats. D'abord, le bruit se répandit que la Suisse allait être réunie à la France; le général Schawembourg publia, pour démentir ce bruit, une proclamation, où on remarquait le passage suivant:

« Non, la Suisse n'est pas destinée à augmen-

» ter le nombre des départemens de la France :
» la patrie de Guillaume Tell est digne de prendre
» rang parmi les états libres et les gouverne-
» mens représentatifs. Elle accomplira cette
» belle destinée ; et elle aura, dans la Répu-
» blique française, une amie sincère, toujours
» prête à la protéger contre tous ses ennemis. »

La fermentation se calma un instant ; mais l'Autriche, à laquelle les Cantons avaient demandé un appui, lors de leur première insurrection, et dont les armées se rassemblaient sur les frontières helvétiques, eut bientôt, par ses agens, ranimé un feu qui couvait : un serment civique que le Directoire helvétique exigea des Cantons, et qui leur parut contraire à leur liberté, en hâta l'explosion.

Plusieurs villes et vallées des cantons de Zurich, de Zug, de Lucerne, d'Underwald et celui de Schwitz se levèrent inopinément, et nos guerriers furent encore une fois obligés de combattre un peuple dont ils estimaient les vertus et admiraient le courage.

Les Suisses se sont réunis à Waldstelbern et Dindewald ; Schawembourg les y attaque, et malgré leur vigoureuse résistance, il les force à se retirer sur Stantz et sur Appenzell : Stantz, pris d'assaut, devient la proie des flammes ; et Appenzell, qu'un sort semblable intimide, ouvre ses portes aux vainqueurs. Les forces du canton de Schwitz, commandées par un général plein de courage et de talent, Aloys-Reding, obtinrent d'abord quelques succès; mais au défilé de Rusnach, lieu fameux où Guillaume Tell immola le tyran Gesler à la liberté de sa patrie, les Suisses éprouvent un échec, qui bientôt fut suivi de leur défaite. Ce fut dans la plaine de Morgarten, que plus d'une fois ils avaient rendu le théâtre de leurs triomphes, qu'ils virent échouer les efforts de leur courage et les talens de leur chef: ils défendirent néanmoins tous les postes avec une opiniâtreté sans exemple; et ce ne fut qu'après les plus rudes combats qu'ils se résolurent de s'enfermer dans les murs de Schwitz. Une capitulation honorable leur fut offerte. Long-temps ils délibérèrent, et un de leurs chefs ne donna son avis qu'en s'écriant: Mourons de la mort glorieuse de nos ancêtres. Déjà le conseil se séparait, et l'on courait aux armes, quand quelques membres parvinrent à modérer cet enthousiasme; ils représentèrent Fribourg et Sion enlevés d'assaut, Stantz livré aux flammes, et demandèrent si une capitulation honorable n'était pas préférable à une mort, à la vérité glorieuse, mais sans utilité pour la patrie : cet avis prévalut. Schwitz se soumit, et les autres cantons l'imitèrent : quelques vallées cependant restèrent en état d'insurrection, et se joignirent aux Autrichiens, lorsque la guerre éclata entre la France et l'Empire. Mais la plus grande partie de l'Helvétie resta en paix ; un traité d'alliance renoua les liens qui, depuis plusieurs siècles, unissaient la France et la Suisse ; et un corps nombreux d'Helvétiens se joignit à l'armée que Masséna commandait lorsqu'il battit le prince Charles, et vainquit Souwarow (1).

§. III.

Prise du Piémont. — 1798.

Joubert, Général en chef.

Quoique nos armées n'aient pas eu de grands combats à livrer, et que la conquête du Piémont n'ait pas été la suite d'une victoire, nous n'avons pas cru devoir passer sous silence les opérations militaires qui eurent lieu lors de l'occupation de cette importante province. Les généraux qui par leurs talens et leurs manœuvres prudentes, les soldats qui par leur exacte discipline, terminent une guerre avantageusement, sans livrer de ces combats meurtriers qui flattent l'orgueil et affligent l'humanité, n'ont-ils pas bien mérité de la patrie ? Pourquoi donc ceux qui s'occupent de recueillir les éclatans hauts faits des braves,

---

(1) Voyez la campagne de 1798 en Suisse, tome 4 ; page 103 de cet ouvrage.

négligeraient-ils de retracer les services modestes, mais utiles.

Le roi de Sardaigne, après la conquête de l'Italie, par Bonaparte, avait conservé ses possessions de Terre-Ferme ; mais une division de l'armée française en occupait plusieurs points importans : c'était une des conditions principales du traité par lequel le Directoire avait consenti à rendre le Piémont, que la défaite de Collé et de Beaulieu avait fait tomber entre nos mains. En recouvrant ses états, le roi de Sardaigne s'appliqua à remplir fidèlement les clauses du traité qu'il avait consenti ; mais son fils, Charles Emmanuel, ne songea qu'à les éluder dès qu'il parvint au trône.

Livré à des conseillers soudoyés par l'Angleterre, ou par la cour de Naples, il osa concevoir le projet insensé de renverser la domination française en Italie : il oubliait qu'une armée occupait ses Etats, que de tous côtés il était pressé par la France ou par ses alliés, et que trois jours de marche suffisaient pour rassembler une armée de 50,000 Français, sous les murs de Coni ou d'Alexandrie. Mais Naples armait en silence, et 60,000 hommes, partant des bords du Gangliano, devaient s'élancer dans la haute Italie et l'appeler à la liberté ; mais les soldats de Paul Ier., quittant les marais de la Pologne, devaient venir aux plaines de Lombardie venger l'aigle d'Autriche, et rétablir l'autorité des princes italiens dans les provinces que la République leur avait arrachées, pour les soumettre à son système de républicanisme. Tant de promesses, et tant de moyens, entraînèrent Charles Emmanuel à sa perte. Il arma en silence, et crut pouvoir cacher cette mesure à l'ambassadeur français qui était à Turin ; mais celui-ci, informé des armemens secrets de Charles Emmanuel, lui porta ses plaintes, et réclama hautement l'exécution des traités. La cour de Turin, forcée alors, ou à cesser ses préparatifs, ou à se déclarer avant que ses alliés soient en mesure de la soutenir, eut recours, pour éviter de se prononcer, à un moyen qui hâta sa chute. Elle déclara que les armemens qu'elle faisait étaient destinés à réduire un parti puissant qui s'élevait au sein du Piémont pour renverser son autorité, et elle donna des ordres pour qu'en effet on agît hostilement contre ce parti qui avait formé de nombreux rassemblemens.

Ce parti, composé de républicains ardens, commençait, en effet, à être à craindre ; et les mesures que prit le roi de Sardaigne, trop faibles pour étouffer l'insurrection qui menaçait, furent poussées assez vivement pour déterminer les républicains à éclater. Ils prirent donc les armes, et, après s'être alliés à la république de Ligurie, ils tinrent la campagne, et leur armée prit le titre d'armée infernale, patriotique et indestructible du Midi.

Le directoire de la République française, instruit par son ambassadeur de ce qui se passait en Piémont, résolut de déposséder le Roi, qui n'usait de son autorité que pour éluder les traités qu'il avait à remplir, et d'assurer ainsi le repos de l'Italie septentrionale. Il fut vivement blâmé pour cette mesure, plus même, que pour son intervention dans les démêlés des Suisses : mais à la veille de voir la guerre recommencer avec l'Autriche et Naples, eût-il été prudent de laisser sur ses derrières un allié de ces deux puissances, qui eût mis nos armées entre deux feux, au premier coup de canon qui eût été tiré sur la frontière de Naples, ou sur les bords de l'Adige? Les généraux commandant en Italie reçurent donc les ordres nécessaires pour forcer Charles Emmanuel à nous abandonner le Piémont ; mais ils durent le faire en évitant, autant que possible, que l'on en vînt aux mains avec les troupes de S. M. Sarde.

Le premier moyen qu'employèrent les agens de la République française fut de susciter un nouvel ennemi au roi de Sardaigne: la République cisalpine, sur un léger prétexte, lui déclara la guerre, et fit marcher ses troupes sur les frontières du Piémont.

Cependant les troupes piémontaises avaient attaqué l'*armée infernale* des insurgés, et partout elles avaient été battues ; Charles Emmanuel voyait avec effroi les progrès que feraient ses ennemis, et dans l'embarras où il se trouva, il réclama les bons offices de l'ambassadeur des républicains français, et implora la médiation de ceux qu'il avait voulu trahir.

L'ambassadeur de la République, en conséquence des ordres secrets qu'il avait reçus, exigea l'occupation de la citadelle de Turin, pour prix du service qu'on réclamait; le roi de Sardaigne était dans une position à ne rien refuser, il consentit à tout; et bientôt les insurgés, les Liguriens et les Cisalpins posèrent les armes : l'ordre et la paix régnèrent en Piémont.

Ce fut à intriguer de nouveau contre la France, que la cour de Turin employa les momens de repos que lui avaient procurés notre intervention ; alors le Directoire se décida à lui déclarer la guerre : Joubert, qui commandait en Piémont et en Lombardie, reçut les ordres de faire marcher ses troupes et de commencer les hostilités.

Alexandrie et Novarre furent donnés comme points de direction à deux colonnes qui s'y rendirent à marches forcées, tandis que le général Sauret, qui commandait la division d'occupation du Piémont, la réunit sous les murs de Tortone.

Charles Emmanuel se vit perdu : il chercha à conjurer l'orage, et moyennant huit millions, donnés à titre de prêt, il arrêta la marche de nos troupes, et retarda un moment la prise de ses états. Il s'était en outre engagé à rester neutre dans la guerre qui se préparait; mais loin d'abandonner la politique tortueuse qui le dirigeait depuis quelques mois, il y persévéra plus que jamais, et il chercha à la masquer en remplissant ses engagemens. En effet, il commença le versement des huit millions, et ordonna la vente des biens ecclésiastiques pour les compléter. Mais c'était alors que la France avait plus que jamais à se plaindre de lui ; ses ministres organisaient une insurrection qui devait éclater au moment où après avoir pris Rome, les Napolitains devaient se porter à grands pas vers Milan. En même temps, les insurgés piémontais, qui avaient posé les armes et qui restaient en paix sous la garantie de l'ambassadeur français, étaient enlevés et massacrés, ou plongés dans les cachots ; les campagnes et les villes étaient chaque jour le théâtre de scènes sanglantes, où les soldats français, accablés par le nombre, étaient égorgés sans espoir de vengeance.

Enfin, le général Joubert reçut des ordres positifs, et il se prépara à s'emparer du Piémont. Le 5 décembre, une proclamation adressée à son armée, lui annonça qu'elle allait être vengée des outrages qu'elle recevait depuis long temps.

« Enfin, la cour de Turin, disait Joubert, a
» comblé la mesure ; elle vient de se démasquer.

» Depuis long-temps de grands crimes ont été
» commis. Le sang des républicains se versait à
» grands flots par les ordres de cette Cour per-
» fide. Le Gouvernement français, ami de la
» paix, croyait la ramener par des voies conci-
» liatrices ; son désir prononcé était de cicatriser
» les plaies d'une longue guerre, et de rendre la
» tranquillité au Piémont, en resserrant de jour
» en jour son alliance avec lui ; mais son espoir
» a été lâchement trahi, et il commande aujour-
» d'hui à son général de venger l'honneur de la
» grande nation, et de ne plus croire une Cour
» infidèle à ses traités, et d'assurer au Piémont
» le bonheur et la paix....., etc. »

Le général Victor, qui occupait les états de Modène, vint se réunir à Pavie, sur les bords du Tésin, au général Dessoles, qui y avait conduit la réserve qui était à Milan, et le 6 décembre ces troupes se mirent en marche pour Novarre. On s'empara le même jour, sans résistance, de Suze, de Coni, d'Alexandrie ; mais à Novarre, pour éviter un combat, on eut recours à la ruse. Ce fut l'adjudant-général Musnier de la Converserie, qui dirigea cette entreprise. Un convoi de trois voitures conduit par un officier d'état-major, et transportant 15 grenadiers *malades*, se présente aux portes de la ville qui leur sont ouvertes sur-le-champ ; et dès que le convoi est arrivé près du corps-de-garde, les grenadiers s'élancent à terre, désarment les Piémontais surpris, et les font prisonniers; sur-le-champ ils ouvrent la porte par laquelle ils étaient entrés, au 15e. régiment de chasseurs, qui traverse rapidement la ville, cerne la garnison dans ses quartiers, s'empare des issues et de la place d'armes : alors la colonne d'infanterie, que dirige le général Victor, arrive, et après avoir échangé quelques coups de fusil avec la garnison, la force à mettre bas les armes : elle était de 1,200 hommes, et elle fut prisonnière de guerre.

Le 7, les généraux Victor et Dessoles se dirigèrent sur Verseil; et Montrichard, qui s'était emparé d'Alexandrie, marcha sur Turin, en passant par Asti où il laissa garnison. En avant de Verseil il y eut un léger combat; mais l'avantage se prononça bientôt pour les bataillons français, et les Piémontais se retirèrent sur Turin, où nous entrâmes sans résistance : ce fut la division Dessoles qui y pénétra la première.

Charles Emmanuel, renfermé dans son palais avec sa cour, attendait, sans prendre aucun parti, le dénoûment de cette invasion ; son peuple, du moins celui de Turin, se déclarait contre lui, et le parti républicain triomphait. Le général Grouchy et l'adjudant-général Clauzel lui signifièrent les intentions du Gouvernement français : et alors ce monarque faible signa l'acte par lequel il renonçait au Piémont en faveur de la République française, et consentait à se retirer en Sardaigne, où il s'engageait de ne jamais recevoir le pavillon anglais.

Cependant, le général en chef Joubert, avec le gros de son armée, attendait à Novarre que les divisions Montrichard, Victor et Dessoles soient arrivées à leur destination : il fit alors occuper le château d'Arone sur le Lac Majeur, et s'avança ensuite sur Chivasso. Ce fut là qu'il reçut l'acte de renonciation de Charles Emmanuel, et sur-le-champ il marcha en hâte sur Turin ; et avant d'y entrer, il plaça ses troupes en bataille sur les hauteurs de Superga : c'était le 9 décembre. Après avoir donné ses ordres à la citadelle, Joubert se rendit au palais du roi, où il signa et fit signer la convention conclue avec l'adjudant-général Clauzel. Le départ de S. M. Sarde fut fixé au soir du même jour ; et en attendant, le général Joubert eut la délicatesse de laisser le palais à la garde des troupes piémontaises, et d'écarter de la route que devait tenir le Roi les divisions françaises.

C'est ainsi qu'en trois jours les Français furent maîtres du Piémont, et assurèrent les communications et les derrières de leurs armées sur le Tibre et sur l'Adige. Plus de 3,000 pièces de canon, 100,000 fusils, des places de guerre importantes, une armée auxiliaire considérable, des munitions et des magasins immenses, tels furent les avantages de cette expédition. On a dit que tant d'avantages n'étaient pas balancés par le renouvellement de la guerre qui éclata bientôt: mais cette guerre eût-elle eu moins lieu? Naples n'avait-elle pas déjà pris les armes? Sans doute la prise du Piémont aigrit les Puissances et décida la guerre; mais puisque la France était en mesure, l'avantage de voir ses armées sans inquiétudes pour leur communication, ne pouvait être balancé par l'inconvénient de voir la guerre éclater quelques mois plus tôt.

On organisa sur-le-champ un gouvernement provisoire, en attendant que le Directoire ait prononcé sur le sort de cette province; le général Grouchy prit en chef le commandement militaire, et fit désarmer quelques cantons qui avaient voulu se soulever pour soutenir l'autorité de Charles Emmanuel.

Cependant on ne put éviter que quelques provinces ne se soulevassent; celles d'Acqui et de Montferrat, où le parti patriote avait peu de partisans, furent facilement troublées par les agens des ennemis de la république: les paysans se levèrent en masse, se formèrent en bataillons, et surprirent la ville d'Acqui. A Strevi, où était un détachement de la 29e. demi-brigade, ils trouvèrent une vive résistance; mais après avoir accablé par leur nombre nos malheureux soldats, ils les maltraitèrent, et assassinèrent ensuite leur chef, le capitaine Blayat.

Dès que le général Grouchy eut connaissance de cette révolte, il mit ses colonnes en mouvement, et les dirigea si bien qu'elles se trouvèrent réunies le même jour aux environs d'Acqui, où la plus grande partie des insurgés se trouva cernée. Ils ne voulurent cependant pas mettre bas les armes sans combattre ; mais le succès ne fut pas un moment douteux : grand nombre de Piémontais furent tués dans les rues d'Acqui (1) ; plus grand nombre encore fut fait prisonnier ; ils furent remis en liberté dès que ceux des nôtres, qui avaient été surpris dans Acqui ou à Strevi,

―――――――――――

(1) L'évêque d'Acqui, dans ces circonstances, honora son ministère par ses demarches périlleuses et énergique pour désiller les yeux des révoltés et arrêter les progrès de l'insurrection. Le général Grouchy s'empressa de lui témoigner l'estime que lui méritait sa noble conduite. Il cita aussi avec éloge l'archi-prêtre Bruni, qui voulut s'opposer aux desseins des révoltés, et qui, lorsqu'ils se présentèrent à l'église de Monte-Chiaro, pour y sonner le tocsin, s'attacha fortement aux cloches, et déclara que tant qu'il vivrait il ne permettrait pas un tel forfait ; il fut victime de son devouement : les furieux tombèrent sur lui à coups de haches et de stilet, et le coupèrent en morceaux sur les cloches mêmes.

nous eurent été rendus. Ce qui avait échappé dans le combat fut vivement poursuivi ; et Strevi, où les insurgés tentèrent encore de se défendre, devint la proie des flammes. L'insurrection fut étouffée par ces deux combats ; et, grâces aux mesures prudentes du commandant militaire, l'ordre et la prospérité reparurent dans cette nouvelle conquête.

§. IV.

Campagnes de Naples. — 1798 et 1799.

Championnet, Général en chef ;
Macdonald lui succède.

Les intrigues de l'Angleterre, la conduite tortueuse du Directoire, et la politique perfide du ministère napolitain, allumèrent, sur la fin de 1798, l'incendie qui, pendant les années 1799, 1800 et 1801, ravagea la Suisse, l'Italie et la Bavière, épuisa la France et l'Autriche, et dévora cette armée russe, qu'un souverain despote envoyait du fond du Nord pour nous ravir nos lauriers et notre précieuse liberté.

La cour de Naples n'avait, en 1797, fait la paix avec la République que pour soustraire ses provinces à la domination française, que les victoires du général Bonaparte étendaient rapidement sur toutes les contrées de l'Italie : l'amour de la paix n'avait nullement engagé le cabinet de Naples à la transaction qui avait pacifié le midi de l'Italie. Aussi, dès que le traité de Campo-Formio eut diminué les forces de l'armée française qui restait en Lombardie, on vit la cour de Naples éluder les traités et contracter alliance avec tous les ennemis du nom français.

Le roi Ferdinand, que son caractère portait à l'inaction, n'eut jamais songé à rallumer la guerre; mais entouré de conseillers perfides, circonvenu par son ministre Actan, tyrannisé par la reine, il céda à leurs pressantes sollicitations; et passant de l'insouciance à la vanité, on vit ce petit roi d'un coin reculé de l'Europe, se proclamer le libérateur de l'Italie, et le vainqueur des Français.

Après avoir réuni plus de 60,000 hommes, auxquels l'Angleterre fournit des armes, Ferdinand se crut assuré de vaincre une armée de 15,000 républicains, qui, disséminés sur les frontières, étaient loin de s'attendre à son attaque. Mais au moment de se mettre en marche, ce roi, si fier de son armée, s'aperçut qu'aucun des officiers de son état-major n'était capable de la commander, et il fut obligé de s'adresser à l'empereur d'Allemagne pour avoir un général: Mack fut chargé d'aller venger Beaulieu, Wurmser et Provera.

Sans attendre que l'Autriche et la Russie aient

mis leurs troupes en campagne, ainsi qu'elles s'y étaient engagées par un traité secret, le roi de Naples ordonna au général Mack d'ouvrir la campagne; et le 24 novembre 1798, l'armée napolitaine entra sur le territoire de la république romaine, que les troupes françaises occupaient.

Les Napolitains débouchèrent sur trois points : leur aile droite, qui suivait les bords de la mer Adriatique, après avoir franchi le Tronto, surprit un faible détachement à Ascoli, et marcha sur Ponto-del-Fermo : le centre descendit des Apennins dans la direction d'Aquila, et se rendit à Rieti ; la gauche, où commandait le général en chef, et où se trouvait le Roi, passa le Garigliano, à Santa-Agatha, à Ceprano et à Isola, et marcha rapidement, à travers les marais Pontains, sur Rome, en suivant la route de Valmontone et de Frascati. Outre ces trois colonnes, un corps de partisans et de volontaires, sortit de Sulmana, cotoya le lac de Celano, se rendit à Tivoli, pour marcher ensuite sur Terni.

Le général Championnet venait alors de prendre le commandement des troupes françaises ; ses forces consistaient en cinq demi-brigades, deux régimens de cavalerie, deux compagnies de canonniers, sept canons et onze obusiers : en tout 15,000 hommes, et encore 3,000 hommes de cette armée devaient aller renforcer la garnison de Corfou. Le seul secours que le général français eût à espérer, était quatre demi-brigades et deux régimens de cavalerie, dont les cadres étaient loin d'être complets. C'est avec des forces si inférieures à celles des Napolitains, que le général Championnet, en cédant toutefois à leur premier choc, osa concevoir le hardi projet, non-seulement de les retenir dans les limites de leur territoire, mais d'aller, dans leur capitale même, les punir de leur coupable agression.

Le 24 novembre, l'armée française était ainsi cantonnée : l'aile droite, à Terracine et à Tivoli, occupait aussi Piserno, Prosedi, Fropinono et Veroli ; à Rieti et aux environs était le centre ; la gauche s'étendait d'Ancône à Ascole, et Fermo à Macerata. Les magasins étaient vides ; les soldats sans souliers et la moitié des brigades étaient sans cartouches. Rome avait une garnison composée en partie de Polonais : à la première nouvelle qu'on eut de l'attaque, Championnet se mit à sa tête, et marcha pour défendre le Teverone au pont de Tivoli.

Il reçut alors de nouvelles instructions qui lui ordonnaient, en cas d'attaque, de se replier sur les frontières de la république cisalpine, où il serait appuyé par l'armée de Joubert ; mais il persista dans son premier plan, et remit à exécuter ces ordres, avant qu'il eût reconnu l'impossibilité de vaincre les Napolitains.

Les généraux Monnier, Rusca et Casa-Bianca

commandaient à notre gauche : avertis par le détachement surpris à Arcole, et qui s'était retiré en désordre et avec perte de l'attaque imprévue des Napolitains, ils avaient rappelé tous les détachemens isolés et s'étaient concentrés à Formo. Dès qu'ils connurent la position de l'ennemi, ils résolurent de l'attaquer, et après avoir formé la 17e. et la 73e. demi-brigades en colonnes, ils se portèrent rapidement en avant : le 19e. de dragons suivait ce mouvement. Les Napolitains surpris d'être attaqués au moment où ils nous croyaient en retraite, ne firent pas grande résistance : Ascoli fut repris, et l'aile droite de l'armée de Mack n'osa pas reprendre l'offensive, et attendit que les succès du centre et de la gauche décidassent notre retraite. Au centre, le général Lemoine, qui occupait Terni avec un seul bataillon sans artillerie, eut un rude combat à soutenir contre la colonne partie de Sulmona, à laquelle s'étaient jointes quelques brigades du centre : elle était forte de 6,000 hommes d'infanterie, de 600 chevaux et de 9 pièces de canon. Lemoine rangea sa poignée de braves dans la plaine étroite de Terni ; et là, il repoussa, avec une bravoure étonnante, deux attaques successives, où l'avant-garde de l'ennemi éprouva une perte considérable. Le général Dufresse, qui était à Spoletto avec un autre bataillon, accourut au bruit de la fusillade ; et alors le général Lemoine, dont les forces se trouvèrent de 1,500 hommes, espéra que la victoire couronnerait ses efforts.

 Le but des Napolitains paraissait être de s'établir sur la route de Spoletto à Narni, et de tourner notre aile droite, dont la retraite eût été excessivement difficile. Le général français prit une position favorable au projet qu'il méditait, et attendit que l'ennemi eût descendu la montagne de la Cascade, où il avait passé la nuit, et se fût engagé dans une vallée étroite et dans un chemin creux, où il ne put faire usage ni de sa cavalerie ni de son artillerie. Les Napolitains, qui croyaient que le général Lemoine battait en retraite, s'engagèrent sans méfiance dans ce défilé; mais alors les Français, quittant la position où ils s'étaient embusqués, tombent comme la foudre au milieu de la colonne, qui s'arrête et reste un moment sans savoir si elle doit fuir ou combattre. Les soldats napolitains, revenus de leur première stupeur, songèrent enfin à se défendre: le carnage fut horrible; les Français ne se servirent que de la baïonnette, et cette terrible arme décida le succès de cette importante journée. Le désordre s'étant mis dans la colonne ennemie, sa déroute devint complète: 9 pièces de canon, 200 voitures chargées de bagages, le général ennemi, 36 officiers, 600 soldats restèrent en notre pouvoir: le nombre des morts et des blessés s'éleva à plus de mille, et il fut impossible, deux jours après, aux officiers napolitains de réunir 2,000 hommes de cette colonne, naguère si nombreuse et si ardente. Le général Lemoine rendit, en cette occasion, le plus grand service à Championnet (1) : car, sans le succès de ce combat, l'aile droite de l'armée n'eût pu se dégager sans éprouver de grandes pertes ; et alors le restant de l'armée, trop faible pour prendre l'offensive, eût été obligé de se retirer vers les frontières de la république cisalpine. Il entrait dans le plan de Championnet de céder au premier choc de l'ennemi ; il ne chercha donc pas à arrêter, avec la droite de son armée, la gauche de l'ennemi, commandée par Mack, et forte de 40,000 hommes. Tranquillisé sur sa retraite, par la victoire du général Lemoine, le chef de l'armée française fit évacuer avec ordre Terracine, Veroli, Tivoli et Rome enfin, où il ne laissa qu'une faible garnison et le chef de bataillon Walter, pour défendre le château Saint-Ange. Il promit de rentrer avant vingt jours dans les murs de Rome, et emmena avec lui tout ce qui pouvait avoir quelque chose à craindre, soit des ennemis, soit du

---

(1) Le gouvernement français décerna au général Lemoine une armure complète de la manufacture nationale de Versailles, en témoignage du service éclatant qu'il venait de rendre à la patrie.

parti qui s'était déclaré l'ennemi du système républicain.

Le roi de Naples et le général Mack, entrèrent le 29 novembre dans la capitale du monde chrétien. Le peuple, ou pour mieux dire, la populace, qui partout turbulente et changeante est toujours du parti du vainqueur, reçut les Napolitains avec des démonstrations d'une joie délirante. On abattit les arbres de la liberté avec autant d'enthousiasme qu'on les avait plantés, et leurs débris amoncelés firent un feu de joie : le monument élevé à Duphot, fut renversé ; et ses cendres furent jetées au vent. Cependant, la classe paisible des citoyens gémissait de ces excès, et ceux qui voulurent parler de modération furent massacrés où jetés dans le Tibre. A la honte du Gouvernement napolitain, on vit des soldats se mêler à cette lie turbulente, et l'exciter au meurtre de ceux que l'on soupçonnait de regretter la république. Cependant, que faisait Ferdinand ? il faisait emprisonner les citoyens marquans, qui avaient contribué au renversement du Gouvernement papal ; il donnait des ordres pour faire fusiller les deux frères Coranna, Napolitains, qui avaient accepté des fonctions dans l'administration de la République romaine (1) ; il organisait

---

(1) L'aîné avait été ministre de la police de la république romaine.

un gouvernement provisoire, et invitait le Pape à rentrer dans ses états (1).

Tandis que Rome était livré au désordre, Mack, dans le premier enthousiasme de ce qu'il appelait ses succès, au lieu de harceler les Français dans leur retraite, se contentait de faire sommer le château Saint-Ange : à sa première sommation, il fit joindre, par le général napolitain Buscard, une déclaration qui portait que les malades français, restés dans les hôpitaux, étaient considérés comme otages, et que chaque coup de canon tiré par la garnison, serait marqué par la mort d'un malade français, qu'on livrerait à la juste indignation des habitans.

Une pareille déclaration ayant été envoyée au quartier-général français, le général Macdonald y répondit ainsi :

« Je vous déclare, monsieur le général, que
» je mets nos malades, le commissaire des guerres

---

(1) Fragmens curieux de la lettre de Ferdinand à Pie VI..... « Votre Sainteté apprendra sans doute avec
» la plus grande satisfaction, que par le secours de
» notre divin maître *et sous l'auguste protection du*
» *bienheureux St.-Janvier*, je suis entré sans résis-
» tance, *et triomphant*, dans la capitale de la chrétien-
» té.... *Et porté sur les ailes de nos chérubins qui*
» *transportèrent autrefois Notre-Dame de Lorette*,
» partez, et descendez dans ce Vatican, que doit puri-
» fier votre présence, etc., etc.

» Valville, et autres Français restés à Rome,
» sous la responsabilité de tous les militaires que
» vous commandez. Le moindre attentat commis
» sur les malades français, sera l'arrêt de mort
» de l'armée napolitaine; les Français républi-
» cains ne sont pas des assassins; mais le géné-
» ral, les soldats et les officiers pris à Terni,
» répondront, sur la tête, du sang du premier sol-
» dat français que vous ferez couler hors du champ
» de bataille..... etc. »

Revenons aux opérations militaires : le général Championnet, après avoir abandonné Rome, laissa de fortes avant-gardes à Nepi et à Riguano, pour observer et contenir l'ennemi, et alla, avec le gros de ses troupes, prendre une forte position au-delà du ravin de Civita-Castellana, dont le château qui est fortifié fut occupé par une forte garnison : quoique ses derrières fussent assurés par des montagnes impraticables, ayant appris que l'amiral Nelson avait débarqué 7,000 Napolitains à Livourne, pour soulever la Toscane et intercepter nos communications, il les garnit de postes nombreux, et envoya une forte arrière-garde à Perouse. On fortifia le pont du Tibre à Borghetto; le quartier-général fut transporté à Terni : le centre de l'armée, que commandait le général Lemoine, se réunit à Rieti; et la gauche, après avoir remporté un nouvel avantage à Vuomano, se fortifia sur la rive gauche du Tranto. C'est dans ces positions que Championnet attendit que le général Mack dévoilât son plan. Il s'attendait à se voir attaqué à Terni : ce qui, s'il eût été défait, l'eût mis dans une position désespérée; mais les premières dispositions du général ennemi le convainquirent bientôt qu'il n'avait rien à craindre pour ce point ; et dès-lors, tranquille sur la fidélité et sur la capacité des généraux qui lui obéissaient, il osa augurer du succès.

Le 4 décembre, Mack concentra les 40,000 hommes qui formaient sa gauche, et se prépara à enlever Civita-Castellana et le pont Borghetto : cinq colonnes, de 8,000 hommes chacune, se mirent en marche, et menaçaient la division que commandait Macdonald.

La première colonne vint attaquer la brigade Kellermann à Nepi : cette brigade, forte de deux bataillons d'infanterie, de trois escadrons de chasseurs à cheval et de deux canons, formait l'avant-garde. Long-temps elle fut prête à céder au choc des Napolitains, qui, cette fois, attaquaient avec vigueur ; mais l'exemple du général Kellerman qui, tour à tour, combattait avec le courage d'un soldat, et commandait avec le sang-froid d'un vieux capitaine, exalta nos braves et leur fit remporter une victoire éclatante. La colonne Napolitaine, vaincue à Nepi, voulut en vain se rallier à Monte-Rosi ; chargée à la baïonnette avant d'avoir pu se reformer, elle fut de nouveau rompue et se dispersa : 500 hommes tués et blessés restèrent sur le champ de bataille ; 2,000 prisonniers, 15 pièces de canon (1), 3,000 fusils, 30 caissons, des bagages, des drapeaux et des étendards, tels furent les trophées de ce combat.

Pendant ce combat, Riguano, vivement attaqué, était défendu par le chef de brigade Lahure: un moment il avait été forcé de se retirer sur Civita Castellana ; mais un renfort l'ayant mis à même de prendre l'offensive, il était rentré dans Riguano, et avait repoussé les Napolitains avec perte.

La 3e. colonne ennemie se portait sur Santa-Maria di Falori ; mais en sortant de Fabricia, elle fut attaquée par le général polonais Kniarewitz : nos troupes chargèrent avec tant d'impétuosité, que l'ennemi, rompu au premier choc, n'osa plus résister : il s'enfuit en désordre et nous laissa maîtres de 8 canons et de 15 caissons; l'on fit 72 prisonniers ; les troupes qui obtinrent ce succès se couvrirent de gloire : c'étaient la légion polonaise, la légion romaine, 2 bataillons de la 30e. demi-brigade, 2 escadrons du 16e. de dragons, et un détachement de chasseurs à cheval. A Viguanella, la 4e. colonne napolitaine

---

(1) Le général Eblé, qui commandait en chef l'artillerie de l'armée, forma son équipage de canons pris aux Napolitains, et les premières pièces qui leur furent enlevées étaient des pièces de 4, qu'il avait fait mettre au calibre français quand il était employé à Naples.

éprouva une défaite encore plus désastreuse. Le général Macdonald, ayant prévu que sa destination était d'aller passer le Tibre à Orte, envoya le général Maurice Mathieu avec la 11e. demi-brigade à sa rencontre. On en vint aux mains en avant de Viguanello; mais l'ennemi crut devoir bientôt quitter la plaine pour occuper le village, qui est une forte position ceinte d'une bonne muraille. Les habitans se joignirent à l'ennemi pour défendre ce poste: le combat fut long et meurtrier; mais le général français ayant signifié que tout ce qu'il trouverait dans le village serait passé au fil de l'épée si l'on faisait une plus longue résistance, la colonne ennemie se retira en laissant les rues jonchées de ses morts et de ses blessés: le général Maurice Mathieu détacha quelques compagnies pour suivre l'ennemi, et alla couvrir le pont de Borghetto qui était menacé.

La dernière colonne ennemie, après avoir passé le Tibre, se portait sur Magliano, et marquait ainsi la droite des quatre autres; mais informé de leur défaite, elle se retira, repassa le fleuve à Pouzane, et rallia les débris des colonnes vaincus.

Tel fut le résultat de la journée du 5 décembre: grâces aux excellentes dispositions du général français, 6,000 Français avaient défait 40,000 Napolitains, sans éprouver de perte notable.

Le rapport du général Championnet contenait les noms d'une multitude de braves qui s'étaient signalés : nous citerons le chef de bataillon Villeneuve ; Esse, Lelcior, Derouche, capitaines ; Serre, Facle, Delfortain, Callandre, lieutenans ; Laforge, Regnier, Coquel, etc., sous-lieutenans. Le général Mack, devenu circonspect par tant de défaites, se retira sur les hauteurs de Calvi, où il se retrancha : il s'attendait à y être attaqué, et resta cinq jours dans l'inaction.

Pendant ce temps, Championnet concentrait les troupes de l'aile droite et du centre, afin d'en venir à une affaire générale qui décidât la retraite de l'ennemi ; mais il ne voulut pas lui présenter bataille ; il attendit que, par quelque fausse manœuvre, il lui permît de l'attaquer avec avantage. Le 11, une forte colonne napolitaine quitta les hauteurs de Calvi et marcha sur Cantalupo, pour s'y assurer un passage sur le Tibre ; une autre occupa Civita-Castellana : ce double mouvement avait pour but d'attaquer Terni et d'enfoncer notre centre.

Ces mouvemens forcèrent Championnet à s'étendre un peu pour menacer les derrières de l'ennemi ; Le moine entra sur le territoire napolitain, et occupa Civita Ducale : plusieurs de ses bataillons campèrent en avant de Rieti, dans le but d'inquiéter Cantalupo. Un autre détachement, placé à Contigliano, forçait Mack à laisser des forces nombreuses aux hauteurs de Calvi, qui étaient menacées par ce détachement. Le général

Macdonald reçut l'ordre de balayer l'ennemi de la montagne de Buono, de replier ensuite ses forces en deçà du pont Borghetto sur la rive gauche, après toutefois avoir laissé garnison au fort de Civita-Castellana.

Une nouvelle colonne, descendue des hauteurs de Calvi, manœuvrait sous les ordres du général Mœsk pour couper Macdonald du reste de l'armée : arrivée à Borghetto, elle y trouva la brigade du général Maurice Mathieu, et n'osant l'attaquer, elle se rendit à Calvi, où elle se retrancha ; mais un détachement alla en hâte occuper Magliano, poste important qui dominait tout le pays qu'occupait Macdonald, et qui gênait ses communications avec Otricoli. L'ennemi ne fut pas long-temps en possession de ce poste ; le général Mathieu l'y attaqua, le culbuta, prit tout son camp et environ 400 hommes.

Le général Mœsk, pressé par Mack de couper la division Macdonald, se porta en force sur Otricoli, et y surprit 50 hommes qui furent impitoyablement massacrés (1). La position du gé-

---

(1) Ce n'est pas la seule atrocité dont les Napolitains se soient rendus coupables : à Ascoli, trois prisonniers français furent liés à des arbres et fusillés. Dans ce même Otricoli où cinquante soldats furent massacrés, trente malades et blessés, dont plus de dix amputés, furent fusillés ; d'autres furent brûlés sur les tas de paille qui leur servait de lit, et où la douleur les retenait. Au

néral Français devint alors très-délicate, et Championnet se hâta de lui envoyer des renforts : mais il fallut leur faire faire un long détour. Macdonald redoubla d'activité et de surveillance : son parc d'artillerie pouvait être surpris, et il craignait que l'ennemi ne reconnût le peu de force qu'il avait, et l'écrasât avant que les renforts qu'il attendait fussent arrivés.

La position des Napolitains était excellente, et ils se flattaient de pouvoir y résister à des forces supérieures. Maîtres de la ville, ils occupaient les hauteurs qui l'environnent; appuyaient leur droite au Tibre, leur gauche à des ravins et à des torrens, et avaient leur artillerie et leur cavalerie en réserve derrière Otricoli, dans la direction de Narni : quelques pièces en batterie sur les hauteurs balayaient la campagne.

Macdonald n'hésita pas néanmoins à attaquer : le général Maurice Mathieu, et sous lui le prince romain Santa-Croce, adjudant-général, furent chargés de l'exécution. Leurs forces consistaient

---

combat de Nepi, un colonel napolitain avait déclaré que tous les prisonniers qu'il ferait, seraient passés au fil de l'épée. Tant de barbarie avaient rendu nos soldats furieux : ils refusaient de faire des prisonniers, et commençaient à ne plus respecter le malheur de ceux que le sort des combats avaient mis entre nos mains. Un ordre du jour ordonna que tout soldat napolitain serait traité avec douceur. Telles furent nos représailles.

en 300 hommes de la 30ᵉ. demi-brigade, un bataillon de la 12ᵉ., 4 compagnies de Polonais et un escadron de dragons. Ces troupes, divisées en petites colonnes, abordèrent l'ennemi sans tirer un coup de fusil, lui enlevèrent successivement toutes ses positions, et le forcèrent à se renfermer dans la ville : là, il résista long-temps; mais craignant enfin d'y être cerné, il se retira en désordre, se précipita dans les ravins qui étaient à sa gauche, où les Polonais s'étant placés en tirailleurs, firent un carnage horrible. 3,000 hommes tués ou blessés restèrent sur le champ de bataille ; 8 pièces de canon, 3 drapeaux, un étendard, 600 chevaux et tout l'état-major du régiment de cavalerie de la Principessa tombèrent en notre pouvoir. Notre perte fut légère ; et, parmi les officiers généraux, le prince de Santa-Croce fut le seul grièvement blessé. Le général Mœsk se retira sur Calvi.

Macdonald, non content d'avoir rétabli ses communications, voulut encore chasser l'ennemi de la montagne de Buono, et de la forte position de Calvi. Cette ville, fortifiée par l'art et encore plus par la nature, était un point important qu'il était urgent d'arracher aux Napolitains. Le lendemain, avant le jour, la brigade du brave général Mathieu se mit en marche par un temps affreux, et atteignit les premiers postes de l'ennemi quand le jour commença à paraître. Tous les postes sont successivement enlevés ; et à midi, toutes les troupes du général Mœsk, environ 7,000 hommes, étaient enfermées dans Calvi. Ce général espérait que le général Mack, qui marchait à son secours, arriverait à temps pour le dégager; mais à deux heures il perdit toute espérance lorsqu'il vit déboucher le général Kniàsewitz, qui, avec les légions romaine et polonaise, avait marché par Magliano. Une attaque générale fut aussitôt ordonnée, et le Napolitain qui en craignait les suites, entra en pourparlers ; le général Mathieu cependant ne voulant pas laisser le temps à Mack de survenir, garnissait toutes les hauteurs de son artillerie, et battait en brèche les murailles de Calvi. Le général Macdonald, qui arriva, fit signifier au général Mœsk qu'il n'écouterait plus ses propositions, et que son *ultimatum* était : *la colonne prisonnière de guerre, ou passée au fil de l'épée.* 7,000 hommes, avec 12 canons et 17 drapeaux, posèrent alors les armes ; et cette affaire décisive décida du reste de la campagne.

Voyons cependant ce qui se passait sur les bords de l'Adriatique.

Le général Duhesme, qui était venu y prendre le commandement de l'aile gauche, avait reçu l'ordre de n'entreprendre rien d'important, et de se contenter de contenir l'ennemi et les habitans insurgés. Mais après avoir réuni ses brigades, con-

5 *

tent de l'esprit qui les animait, il ne douta pas que le succès ne couronnât ses entreprises : il attendit que l'occasion de se signaler, sans outrepasser ses ordres, se présentât : et il n'attendit pas long-temps.

L'insurrection s'étendait tous les jours, et augmentait les forces du commandement napolitain ; le chevalier Micheroux Duhesme jugea donc nécessaire d'avoir un poste dont la position fût favorable pour en faire le pivot de ses opérations : Civitella del Tronto lui parut ce poste favorable, et, le 7 décembre, il le fit investir. Cette place, le boulevard des Abruzzes, située au haut d'une montagne escarpée, est bien fortifiée. Ses remparts garnis d'une nombreuse artillerie, ses magasins bien fournis, sa garnison nombreuse, tout devait la rendre imprenable à une armée qui était sans grosse artillerie, et sans moyens de former un siége : cependant, le général Mounier, après dix-huit heures d'investissement, sut, par ses manœuvres habiles, intimider le commandant, et le forcer à rendre la place : la garnison fut prisonnière de guerre ; le 9 décembre, nous entrâmes dans Civitella, où nous trouvâmes des ressources de toutes espèces. Maître de cette importante position, le général Duhesme attendit des nouvelles du centre et de la droite, pour combiner ses mouvemens selon ceux de ces corps.

Dès que le général Mack apprit la destruction

totale de la colonne du général Mœsk, et la prise de Calvi, il songea à se retirer en toute hâte sur Rome, et ne songea plus à forcer notre centre à Terni; il forma une forte arrière-garde, destinée à arrêter le général Rey, qui marchait sur Cantalupo.

Tandis que les Napolitains se retiraient, Championnet dirigeait ses colonnes pour les attaquer à Cantalupo, où il les croyait réunis : le général Rey s'arrêta sur l'Ostina di Vacconé, pour attendre que les généraux Macdonald et Lemoine eussent exécuté les ordres qu'ils avaient reçus. L'un quitta Civita-Castellana, où il laissa 150 hommes de garnison, plaça la brigade Kellerman à Borghetto pour déboucher au premier signal d'attaque, et se rendit, avec le reste de sa division, à Cantalupo par Calvi et Callevecchio : ses bagages et son artillerie, qui ne pouvaient suivre cette route montueuse, prirent par Otricoli, Narni et Terni. L'autre, après avoir masqué le défilé de Civita-Ducale, marcha par la route de Rieti, à Rome, pour tomber sur les derrières de l'armée napolitaine, qu'on supposait à Cantalupo.

Le 15, la colonne du général Rey s'aperçut la première du mouvement de retraite de l'ennemi; sur-le-champ elle se mit à sa poursuite, et elle rencontra à Cantalupo le général Macdonald. Les deux divisions suivirent l'arrière-garde napolitaine, l'atteignirent à Monte Rotundo, où elle fut entièrement défaite. Les débris arrivèrent aux portes de Rome en même temps que le gros de l'armée de Mack; il se hâta de traverser la ville, sortit par la porte Latine, et alla camper derrière le Teverone : notre avant-garde entra sur-le-champ dans Rome.

Au moment que les généraux Rey et Macdonald allaient faire entrer leur cavalerie dans cette ville, ils furent joints par l'adjudant-général Bonami, chef d'état-major de l'armée: il arrivait du quartier-général, où l'on venait d'apprendre qu'une colonne de 7,000 Napolitains, venant de Baccano, et commandée par le comte de Damas, émigré français, demandait de traverser Rome pour se réunir à l'armée de Mack. Après avoir pris un détachement de cavalerie, il traversa le Ponte Molle, et alla au devant de l'ennemi. Les généraux Rey et Magdonald détachèrent quelques troupes pour suivre Mack, et avec leur cavalerie légère suivirent l'adjudant Bonami : ils donnèrent des ordres pour que leur infanterie les suivît.

L'adjudant-général Bonami fut bientôt en présence de l'ennemi : après quelques pourparlers, il somma Damas de mettre bas les armes. « Avec 7,000 hommes et des cartouches on ne pose pas les armes, répartit le général napolitain : Eh ! bien, nous nous battrons, répliqua l'adjudant-général Bonami : et l'on se sépara. Le général Damas demanda alors six heures pour assembler un conseil de guerre et délibérer. L'adjudant-général français était assez embarrassé : il craignait que l'ennemi ne s'aperçût qu'il n'avait que très-peu de troupes avec lui s'il lui accordait le temps qu'il demandait ; et d'autre part, ne sachant pas le temps qu'il faudrait à l'infanterie des divisions de Macdonald et de Rey pour arriver, il avait à craindre que les Napolitains ne se présentassent pour combattre, avant qu'il soit en état de leur résister : enfin, voulant par son assurance intimider l'ennemi, il n'accorda qu'une heure. L'heure s'écoula, et notre infanterie arriva : ne recevant pas alors la réponse du général Damas, le général Rey se mit à la tête de la cavalerie, et l'on s'aperçut alors que les Napolitains, se frayant un chemin oblique, avaient commencé leur retraite. Aussitôt les généraux Bonami et Rey se mirent à sa poursuite avec leur cavalerie : ils atteignirent son arrière-garde à Storta, la culbutèrent, lui enlevèrent 5 canons, et la poursuivirent jusqu'à la nuit ; alors nos troupes, harassées, revinrent bivouaquer en avant de Stora ; et le général Damas continua sa route à la faveur de la nuit. L'adjudant-général Bonami fut fait général de brigade.

C'est ainsi que le général Championnet, après dix-sept jours d'absence, rentra dans Rome. Qu'était devenue cette armée napolitaine, si belle et si fière ? Elle fuyait en désordre, après avoir perdu 20,000 hommes, 50 canons, ses drapeaux, ses bagages; et cependant, elle n'avait pas combattu en bataille rangée: des escarmouches, des surprises, des rencontres, avaient renversé les plans gigantesques qui devaient conduire Mack, et son armée triomphante, jusqu'aux frontières de la France.

Il y avait quelques heures que le général Championnet avait transporté son quartier-général à Rome, lorsque, vers onze heures du soir, une alerte met toute l'armée sur pied. La 11e. demi-brigade était attaquée à la porte Latine par une colonne napolitaine : c'était un effort que faisait le général Mack pour dégager le général Damas; mais cette colonne, arrêtée par la brave 11e., dès ses premiers pas, se retira en désordre : elle ne renouvela pas ses tentatives pour forcer ce passage, parce que le commandant apprit que le général Damas opérait sa retraite sur Orbitello. Après cette dernière tentative, l'armée ennemie continua son mouvement de retraite, et ne s'arrêta que lorsqu'elle eut franchi le Garigliano et le Volturno. Le roi Ferdinand se retira à Caserte : déjà des mutineries et des révoltes particlles avaient eu lieu dans son armée.

A Rome, le gouvernement républicain se rétablit sans secousses, et peu s'en fallut que ce même peuple, qui avait montré tant de joie de sa chute, ne se réjouit de même de son rétablissement.

Championnet, maître de Rome, ne commit pas la faute qui perdit le général Mack : quoique ses troupes fussent très-fatiguées, il ne crut pas devoir leur donner de repos, qu'il n'eût prit les mesures nécessaires pour profiter des succès qu'il venait d'obtenir. Le général Rey, avec une division d'avant-garde, suivit les Napolitains, et occupa successivement Frascati et Albano. Un camp, formé en avant de Rome, en défendait l'approche ; un poste établi à Tivoli, et un corps d'observation, stationné sur le Teverone, garantirent de toute surprise ; la réserve fut placée sur les hauteurs de Ponte-Mello.

Tandis que Championnet prenait ces mesures, Kellermann achevait de détruire ou de disperser la colonne de Damas, et punissait quelques villes rebelles. Il avait reçu à Borghetto, où il était resté, l'ordre de marcher sur Orbitello. Après avoir dépassé Romiglione, il rencontra, non loin de Toscanella, les Napolitains, et les attaqua sur-le-champ. L'habileté du général Damas balança quelque temps le succès ; mais enfin, les Napolitains furent enfoncés et se retirèrent en désordre : leur général forma, pour protéger leur retraite, une arrière-garde de troupes fraîches qui étaient restées en réserve, et, se mettant à sa tête, il tenta de nous arrêter ; pendant deux heures sa haute valeur animant ses troupes, elles firent une belle résistance ; et alors le gros de la colonne put gagner Orbitello et s'embarquer. Kellermann, que tant d'obstacles irritent, se met à la tête de sa cavalerie légère, et charge avec furie ; au même moment le général Damas, blessé d'un éclat de bombe, était obligé de quitter le champ de bataille. Il fit néanmoins rentrer ses troupes dans Orbitello, et, en consentant à livrer son artillerie, il obtint la liberté de faire embarquer le peu de monde qui lui restait : c'est ainsi que ce général habile se retira de la position fâcheuse, où la retraite précipitée de Mack l'avait placé.

Kellermann se mit alors en marche pour rejoindre l'armée aux environs de Rome. Il s'arrêta un moment pour soumettre Viterbe qui s'était révoltée, et qui avait persécuté avec fureur tout ce qui paraissait tenir au parti français : le général français fit punir les chefs de la sédition, rétablit l'ordre et les autorités républicaines, et continua sa marche. Championnet donna alors quelques jours de repos à ses troupes, et se prépara à pénétrer dans les états de Ferdinand. Mack, qui prévoyait qu'il lui serait difficile de l'arrêter avec une armée désorganisée, chercha du moins à retarder sa marche par tous les moyens possibles. Il plaça toute son artillerie et ses meilleures troupes aux passages les plus importans : Foudi-Stri, Aquino, Ceprano furent occupées par de nombreux détachemens ; Gaëte reçut une garnison de 3,000 hommes, et avec le reste de l'armée il passa le Volturno, et campa sous les murs de Capoue; l'aile droite, qui était sur les frontières des Abruzzes, reçut l'ordre de suivre lentement ce mouvement, en évitant d'en venir aux mains avec les généraux Duhesme et Lemoine, qui le pressaient vivement.

Le 18 décembre, Rome fut désarmée ; le 20, l'armée se mit en marche pour entrer dans le royaume de Naples.

Le général Rey, dont la division de cavalerie formait l'avant-garde, se mit en marche après avoir été renforcé d'un bataillon d'infanterie polonaise et quelques pièces d'artillerie légère ; il traversa, sans rencontrer de corps ennemis, les marais Pontins, et arriva à Terracine : les campagnes étaient remplies de traîneurs et de détachemens isolés, qui, ne sachant quelle direction prendre, venaient se remettre entre nos mains.

Le général Maurice Mathieu précéda la division Macdonald avec sa brigade : malgré des torrens de pluie qui dégradaient les chemins, enflaient les rivières, faisaient déborder les ruisseaux et les torrens, les troupes marchaient avec beaucoup d'ardeur; après avoir traversé Geuzano, Piperno, Frosimone, elles arrivèrent le 27 à Capano : l'avant-garde napolitaine y était postée sur une hauteur qui domine le pays. Sans donner le temps à l'ennemi de changer ses dispositions, le général français l'attaqua, lui enleva quelques retranchemens qu'on avait élevés à la hâte : les Napolitains se retirèrent en désordre, traversèrent Ceprano et le pont du Garigliano, et allèrent se rallier derrière un corps de troupes d'élite, qui devaient nous disputer le passage de la rivière. La journée étant avancée, le général Mathieu mit au lendemain à dissiper ce nouveau corps, et donna quelque repos à ses braves.

Le 28, au point du jour, nous nous présentâmes pour franchir le pont : une batterie, placée sur l'autre rive, nous enleva quelques soldats ; mais dès que l'ennemi nous vit avancer à la baïonnette, il prit la fuite, et ne s'arrêta que pour nous disputer un moment le passage de la Melfa. Cette nouvelle tentative ne retarda guère notre marche, et bientôt nous arrivâmes à l'embranchement de la route d'Isola et de celle de Ceprano : quelques détachemens essayèrent encore de nous résister dans cette position ; mais ils furent faits prisonniers. A Isola, nous trouvâmes de grands magasins de vivres et de munition, que l'ennemi n'avait pu faire évacuer : un bataillon polonais resta pour les conserver, et le général Mathieu continua d'avancer, et coucha, le soir même, à San-Germano : il devait y attendre le général Macdonald.

Le général Macdonald s'arrêta à Frasinone

pour y attendre plusieurs colonnes; dès que celle du colonel Girardon, qui avait pris par Aguani et Frascati, l'eut rejoint, il se mit en marche et gagna San-Germano par Veroli, Isola, Arpino et Arce: la brigade Girardon, qui suivait une route parallèle, trouva à Castellucio un parc de 60 pièces de canon, que le mauvais état des chemins n'avait pas permis aux Napolitains de faire aller plus loin.

Le 30, toutes les brigades se trouvèrent réunies à San-Germano, ou dans les environs; Championnet y arriva en même temps, et les passa en revue.

Ce même jour le général Rey, avec son avant-garde, avait quitté Terracine; Torella, où l'ennemi avait essayé de résister, avait été emporté de vive force par le jeune Rey, aide-de-camp et frère du général. Fondi eut le même sort; mais au passage d'Itri nous trouvâmes plus de résistance; l'ennemi était nombreux, son artillerie bien servie, et des retranchemens élevés de toutes parts rendaient cette position, déjà redoutable par elle-même, d'un difficile accès. Les Polonais eurent toute la gloire de ce combat: ils renversèrent tout devant eux, ayant le général Rey à leur tête: canons, bagages, drapeaux, tout resta en leur pouvoir. Les Napolitains se jetèrent dans Gaëte.

Le général Championnet se fit alors précéder par cette proclamation:

« Napolitains, rassurez-vous. Les Français, en entrant sur votre territoire, n'en veulent point au peuple : le peuple ne doit point être victime des faux calculs d'un gouvernement en délire : lui seul est coupable, lui seul sera puni.

» Rappelez dans vos foyers vos enfans, que la force retient sous les drapeaux de nos ennemis. Laissez marcher ces milices impuissantes d'un roi qui vous trompe ; elles seront battues partout où nous les trouverons.

« Soyez calmes ; restez dans vos foyers : que le riche habite son palais, que le pauvre revienne sous sa chaumière ; prenez confiance dans la loyauté française et comptez sur ma parole, sur ma protection. Votre roi tombera de son trône ; mais votre culte, vos autels, vos opinions, vos fortunes seront respectés. Je le répète, rassurez-vous : mais tremblez, si un seul Français est insulté. »

Le prince napolitain Pignatelli vint à San-Germano proposer, de la part du général Mack, un armistice de plusieurs jours pour donner quelque repos aux troupes ; Championnet lui répondit :

« J'ai reçu, monsieur le général, vos propositions d'armistice ; l'humanité seule en fait les frais. Les mauvais chemins, la pluie, la neige, voilà vos motifs ; mais l'armée, avec sa patience ordinaire a tout franchi : il ne lui reste plus à faire que l'invasion de Naples. Je marche pour remplir son vœu et répondre aux ordres de mon Gouvernement, qui, d'après votre déclaration de guerre à coups de canon, m'a chargé de punir cette insulte.

» Je suis fâché, pour mon compte, que mes instructions me portent à repousser vos propositions. »

Néanmoins, après avoir ordonné au général Mathieu de pousser ses avant-postes jusqu'à deux millés de Calvi, sur la route de Capoue, il arrêta pendant quarante-huit heures la marche de son armée, et ce ne fut qu'après ce repos que l'on s'approcha de Capoue.

Nous avons laissé le général Duhesme sur le Tronto, attendant des ordres, et maître de Civitella. S'étant mis en marche pour suivre les Napolitains qui se retiraient lentement, il occupa successivement Cauzano et Guarda. Le général Rusca, qui était à l'avant-garde, passa le Vomano le 17, et atteignit l'ennemi à Monte-Pagano : il lui fit 300 prisonniers. Le 19, un autre combat eut lieu à Monte-Santa-Angelo ; les Napolitains ne furent pas plus heureux dans cette rencontre que dans la précédente : nous continuâmes à avancer, et le 23 nous campâmes en vue de Pescara.

Dans cette marche, le général Duhesme fut vivement inquiété : le 19, il avait appris que les paysans des bords du Tronto s'étaient révoltés. Teramo avait été pris par un corps d'environ 4,000 hommes; 3,000 autres avaient brulé le pont du Tronto, battu le corps qui le gardait et pris 3 canons. Duhesme balança si, ne laissant qu'une forte avant-garde devant l'ennemi, il marcherait lui-même châtier ces insurgés; mais il craignit que l'ennemi ne s'aperçût de ce mouvement et ne le suivît: il préféra envoyer deux forts détachemens pour contenir les rebelles, et il continua à pousser les Napolitains.

Pescara, située à l'embouchure de la rivière de ce nom, dans l'Adriatique, est la seule place d'arme, et le seul port considérable des Napolitains sur cette partie de la côte. Cette place, bien fortifiée et garnie d'une nombreuse artillerie, défendue par une armée et par 2,000 hommes de garnison, paraissait devoir arrêter notre marche et nos succès. Le général Duhesme sentit combien l'occupation de cette place était importante, et, quoiqu'il n'eût pas grands moyens pour réussir, il ne désespéra pas de s'en rendre promptement le maître. Les Napolitains, de leur côté, s'apprêtaient à défendre vigoureusement cette place, qui nous fermait la seule route des Abruzzes qui fût praticable pour la cavalerie et l'artillerie.

Dans la soirée du 23, un officier d'état-major s'introduisit en parlementaire dans la place. Le gouverneur, vieil officier expérimenté, paraissait n'avoir rien omis pour sa défense; et pour faire croire qu'il avait garnison nombreuse, il fit passer plusieurs fois la musique du seul régiment qu'il eût, sous les yeux du parlementaire, avec des uniformes différens : l'officier français ne fut pas dupe de cette ruse; il crut aussi, au milieu des grands préparatifs du général napolitain, appercevoir de l'inquiétude.

Le général Duhesme, le 24 au matin, se prépara à l'attaque. Le général Monnier, avec un bataillon de grenadiers, 200 dragons et quelques pièces d'artillerie légère, attaqua la tête du pont de Pescara; et le général Duhesme, avec le restant de ses troupes, se porta à Pianella et à Civita-di-Peuna. Les Napolitains vivement attaqués, furent rejetés dans la ville, où ils portèrent l'alarme et le désordre. Le gouverneur fut sommé alors de se rendre, s'il ne voulait pas que la place fût prise d'assaut. Une sorte de fatalité, qui s'attachait aux armes napolitaines, fit que le vieux commandant fût saisi de la terreur qui avait gagné ses soldats : il fit mettre bas les armes à la garnison, et nous livra la place.

La division Duhesme, qui était sans artillerie et sans munitions, se trouva pourvue de tout ce qui lui manquait, par cette riche capture : outre 63 pièces d'artillerie en bronze, et 1,300 quintaux de poudre, nous trouvâmes encore 4 mortiers et 20 canons de fonte dans la place.

Toutes les brigades passèrent sur-le-champ à Pescara, hors celle du général Rusca, qui marcha par la rive gauche sur Torre-di-Passari. Le quartier-général s'établit à Chieti.

L'adjudant-général Broussier, qui s'était mis à la poursuite de l'ennemi, l'atteignit après deux jours de marche, le dispersa entièrement, et lui prit deux canons et tous ses caissons et bagages. Il fut joint alors par le général Rusca, qui après avoir remonté rapidement la Pescara malgré la difficulté des chemins, avait passé cette rivière au pont de Torri-di-Passari, qu'il avait trouvé abandonné. Après avoir réuni leurs troupes, ils se dirigèrent sur Bosio-di-Popolo et rencontrèrent un officier de l'état-major du général Lemoine, qui apportait au général Duhesme l'ordre de venir joindre Championnet à Capoue.

Par cet officier on apprit que le général Lemoine avait enlevé de vive force Aquila, et que, dans une affaire qui avait duré plusieurs heures, il avait enlevé Bosio-di-Popolo, fait beaucoup de prisonniers, et pris 4 pièces de canon : le général Point avait été tué dans cette affaire.

Les généraux Lemoine et Duhesme, d'après les ordres de Championnet, marchèrent alors sur Capoue, et ils soumirent, pendant leurs marches, plusieurs villes insurgées, où des détachemens égarés de l'armée napolitaine cherchaient à se defendre.

Revenons à la droite de l'armée. Le 4 janvier 1799, le général Macdonald était entré à Lafere, et le lendemain il ordonna au général Mathieu d'aller reconnaître Capoue. Cette reconnaissance devint un combat meurtrier; les Napolitains furent repoussés dans la place, et nous enlevâmes le camp de Caserte que Mack avait établi sur la droite du Volturno. Dans ce combat, qui décida la reddition de Capoue, le général Mathieu fut grièvement blessé par un coup de canon à mitraille, qui lui fracassa le bras droit et tua en même temps le cheval de son aide-de-camp Treuqualye.

Cependant, le général Mack voulut faire un dernier effort: il fit soulever les Lazzaronis de Naples et les habitans des campagnes, et ordonna qu'ils vinssent le joindre sous Capoue: mais cette levée en masse dégénéra en insurrection, et le général autrichien faillit devenir victime du moyen qu'il avait pris pour se sauver. Il n'eut d'autre moyen de se soustraire à la fureur des Lazzaronis, que de venir se remettre entre les mains du général Championnet, lui et son état-major. Le Roi et sa famille venaient alors de quitter Naples pour se rendre en Sicile, et ils avaient revêtu, en partant, le prince Pignatelli de toute leur autorité. Ce prince songea alors à réparer les fautes de Mack, et il voulut mettre à profit l'insurrection que ce général avait suscitée, sans savoir la diriger. Cependant, vivement pressé par nos troupes, il conclut avec Championnet un armistice qui nous mettait en possession de Capoue et de tous les postes en avant de Naples. Mais les insurgés nous les disputèrent, néanmoins, et ce fut à la pointe de l'épée qu'il fallut les arracher. Macdonald s'avança par Benevent, Andria, Castellamare, Voltri, Salerne ; partout les insurgés furent complètement battus : le général Duhesme marcha par la route d'Accera.

Cependant, l'insurrection des Lazzaronis se développait dans Naples d'une manière effrayante. Tout le peuple avait pris les armes, et était résolu de chasser notre armée si elle se présentait ; ils commencèrent par s'emparer de tous les forts de la ville : le fort Saint-Elme, qu'ils prirent d'assaut, renfermait tous les prisonniers que le Roi avait fait arrêter pour leurs opinions : ils furent égorgés. Regardant le prince Pignatelli comme un traître, à cause de l'armistice qu'il avait conclu, ils se portèrent à son palais, et il fut obligé de se soustraire, par la fuite, à leur ressentiment; les prêtres et les moines excitaient ces furieux, et leur faisaient jurer, par Saint-Janvier, de mourir en défendant la patrie. Plus de 30,000 hommes le firent ce serment, et ce fut aux cris de vive le Roi ! vive Saint-Janvier ! vive Jésus-Christ !

Plusieurs palais furent pillés et brûlés; et l'on commençait à craindre, qu'au lieu de combattre, cette multitude ne pillât toute la ville. Les citoyens paisibles, cependant, demandaient pourquoi l'on ne voyait pas arriver l'armée française. Alors le prince Moliterni, qui, de concert avec le prince Pignatelli, avait signé l'armistice de Capoue, se rendit secrètement auprès de Championnet, pour convenir avec lui des moyens de sauver la ville de Naples d'un massacre général et de l'incendie : il fut arrêté que l'armée française marcherait sur Naples, et s'y présenterait du côté de Capo di Chino et de Poggio reale.

Pendant cette négociation une partie des insurgés, dont le pillage n'était pas le but, s'était mise en marche pour nous attaquer sous Capoue : étonnés de n'y pas trouver l'armée, ils assaillirent tumultueusement la place, et quelques colonnes se détachèrent pour découvrir dans quelle direction nous étions.

Le prince Moliterni rentra dans Naples, se rendit, avec quelques troupes, dans le fort Saint-Elme, et fit tirer plusieurs coups de canon pour rétablir le calme dans la ville.

Cependant, les Lazzaronis se dirigeaient vers Capoue : ils prétendirent reprendre cette place d'assaut, et pendant deux jours entiers, qu'ils passèrent en vaines tentatives, ils furent criblés par la mitraille, et devenaient plus entreprenans à mesure qu'ils perdaient plus de monde.

Une division de l'armée française tournait Naples pendant ce temps-là, et le 20, elle était déjà parvenue aux portes, lorsque les Lazzaronis s'avancèrent : le combat s'engagea, et le carnage fut horrible. Le général Duhesme déploya un courage héroïque ; et Monnier, en enlevant le faubourg de la Madeleine, reçut un coup de feu, qui le blessa à la tête et à l'épaule.

Les Lazzaronis qui étaient devant Capoue, ayant appris notre entrée dans Naples, volèrent au secours de cette ville, et vinrent relever le courage de leurs camarades qui commençaient à céder. Ce fut alors que se livra un des combats des plus meurtriers qui soit consigné dans l'histoire. Les Lazzaronis résistèrent trois jours, défendant le terrain pied à pied, et rendant souvent la victoire incertaine. Nos troupes furent plusieurs fois enveloppées, et il fallut opérer des prodiges pour vaincre ces furieux. Leur nombre était toujours croissant ; les débris de l'armée se joignirent à eux, et bientôt les paysans accoururent de quelques lieues à la ronde : la plupart des rues étaient barricadées, et on vidait tous les meubles des maisons pour les encombrer et nous fermer le passage. Le second jour du combat, ils se divisèrent en plusieurs colonnes, et se portèrent aux principales issues : ils perdirent moins de monde, et nous firent éprouver plus de pertes. Enfin, nous pénétrâmes dans la ville; le Château-Neuf, le fort Saint-Elme, le Château-de-l'OEuf, se rendirent à la première sommation ; et bientôt l'étendard tricolore flotta sur leurs hautes tours ; mais la citadelle des Carmelites, occupée par les Lazzaronis, opposa une longue résistance : il fallut l'assiéger pendant trois heures. Au moment où nous y entrâmes d'assaut, les Lazzaronis, qui avaient été écrasés de tous côtés, se rallièrent sur le port, et essayèrent de reprendre l'avantage; mais cette tentative fut vaine : ils furent foudroyés par l'artillerie légère, et bientôt le calme succéda à la plus horrible insurrection.

La prise de Naples est fameuse dans l'histoire ; les Français ont soutenu peu de combats aussi terribles. Soixante heures de combat dans les rues, dans les maisons, sur les terrasses, au milieu des flammes, suffirent à peine pour vaincre ces terribles Lazzaronis. Les rues étaient encombrées de morts ; et de Naples à Capoue, plus de vingt mille cadavres couvrirent la terre.

Championnet fit son entrée dans Naples le 24 janvier. L'archevêque de Naples, vieillard vénérable, employant les armes de la religion à suspendre l'effusion du sang, ordonna des prières solennelles ; et le 25 le général Championnet assista à un *Te Deum*, chanté dans la cathédrale, tandis qu'une irruption du Vésuve, qui, depuis près de cinq ans, n'avait pas jeté de feu, offrait aux Français un spectacle nouveau pour eux. Les jours suivans furent employés à s'emparer des postes importans du royaume de Naples ; partout les insurgés se défendirent avec courage.

Le général Championnet fit publier, dans toute l'étendue du royaume, la proclamation suivante :

« Vous êtes enfin libres ; votre liberté est le seul prix que la France veut retirer de sa conquête, et la seule clause du traité de paix que l'armée de la République vient jurer solennellement avec vous dans les murs de votre capitale et sur le trône renversé de votre roi.

» Malheur à qui refusera de signer avec nous ce pacte honorable, où tout le fruit de la victoire est pour le vaincu, et qui ne laisse au vainqueur que la gloire d'avoir consolidé votre bonheur ; il sera traité comme un ennemi, contre lequel nous restons armés.

» S'il y a encore parmi vous des cœurs assez ingrats pour rejeter la liberté que nous avons conquise au prix de notre sang, ou des hommes assez insensés pour regretter un roi déchu du droit de le commander, par la violation du serment qu'il avait fait de le défendre : qu'ils fuyent sous les drapeaux deshonorés du parjure ; la guerre contre eux est à mort, et ils seront exterminés.

» Républicains, la cause pour laquelle vous avez si long-temps souffert est enfin décidée ; ce que n'avaient pu terminer les victoires brillantes de l'armée d'Italie, ce qui avait si long-temps retardé les intérêts politiques de l'Europe entière, ce qui avait suspendu les espérances d'une paix générale, ce qu'avaient empêché jusqu'à ce jour la religion des traités et la crainte d'une guerre nouvelle, l'aveuglement du dernier roi l'a opéré.

» Napolitains, si l'armée française prend aujourd'hui le titre de l'armée de Naples, c'est par l'effet de l'engagement solennel qu'elle prend de mourir pour votre cause, et de ne faire usage de ses armes que pour le maintien de votre indépendance, et la conservation d'un droit qu'elle vous a conquis.

» Que le peuple se rassure donc sur la liberté de son culte ; que le citoyen cesse de s'alarmer sur les droits de la propriété : un grand intérêt a soutenu les Rois dans les efforts qu'ils ont faits pour calomnier aux yeux des nations les sentimens et la loyauté de la Nation française ; mais il faut peu de jours à un peuple généreux, pour désabuser les hommes crédules des préventions odieuses dont se sert la tyrannie pour les porter à des excès déplorables.

» L'organisation du brigandage et de l'assassinat, imaginée par votre dernier roi, et exécutée par ses agens corrompus, comme un moyen de défense, a eu des résultats déplorables et des conséquences bien funestes ; mais en remédiant à la cause du mal, il sera facile d'en arrêter les suites, et d'en réparer même les effets.

» Que les autorités républicaines, qui vont être créées, rétablissent l'ordre et la tranquillité sur les bases d'une administration paternelle ; qu'elles dissipent les frayeurs de l'ignorance, et calment la fureur du fanatisme, avec un zèle égal à celui qui a été employé par la perfidie pour les aigrir et les irriter, et bientôt la sévérité de la discipline, qui rétablit avec tant de facilité l'ordre dans les troupes d'un peuple libre, ne tardera pas à mettre un terme aux désordres provoqués par la haine, et que les droits de la représaille ont à peine permis de réprimer. »

Un arrêté, relatif à l'organisation d'un gouvernement provisoire, suivait cette proclamation ; et bientôt après la République napolitaine fut organisée. Championnet travaillait, chaque jour, à pacifier les provinces napolitaines, et chaque jour les agens du Roi, ou de l'Angleterre, suscitaient de nouvelles révoltes. Cependant de nombreux volontaires s'offraient pour combattre pour la liberté, et le général français en forma un corps, qui prit le titre de *compagnie campanienne*.

EN ITALIE. — (Naples) 1799.

L'insurrection toujours croissante des provinces força d'éloigner l'armée de la capitale; mais avant que les colonnes destinées à combattre ne se missent en marche, Naples fut désarmé; et les armes déposées au Château neuf.

Partout les colonnes françaises firent rentrer les campagnes dans le devoir; mais l'insurrection de la Pouille fut plus difficile à calmer, et présentait des forces redoutables.

Le général Duhesme, que Championnet chargea de cette expédition, se rendit promptement dans les cantons où les bandes insurgées se retiraient quand elles avaient éprouvé quelque défaite. Foggia fut choisi pour y asseoir son quartier-général, et toute sa division s'y rendit. Les bandes que nos troupes chassèrent devant elle se concentrèrent à San-Severo, et les habitans de cette ville ayant aussi pris les armes, le nombre des rebelles était de 10,000. Ils avaient de l'artillerie et quelque compagnie de cavalerie, débris de l'armée de Mack. Quand le général Duhesme marcha à eux, ils occupaient un mamelon couvert d'oliviers qui dominait une plaine, où il fallait que nous débouchions pour les combattre: leur cavalerie éclairait la plaine, et leur artillerie en défendait les débouchés.

Après avoir examiné leur position, le général français fit attaquer leurs avant-postes, les força à se replier sur le gros de leur troupe, et manœuvra si bien qu'ils se trouvèrent cernés de toutes parts; le combat ne fut plus qu'un carnage : ces malheureux paysans, peu habitués au combat à l'arme blanche, tombaient sans défense sous les baïonnettes de nos soldats. Enfin, les femmes et les enfans qui avaient abandonné leurs villages, et qui s'étaient réfugiés derrière les rangs des rebelles, vinrent en foule se jeter parmi les combattans : cet aspect désarma les Français, et les malheureux paysans de la Pouille durent leur salut aux sollicitations de leurs épouses, de leurs enfans.

« Ces soldats, disait le général Duhesme dans
» son rapport, si terribles une heure auparavant, reconduisaient avec douceur des groupes
» de femmes et d'enfans dans leurs habitations
» délaissées. J'avais juré de brûler San-Severo,
» le foyer de la révolte ; mais la soumission des
» habitans me désarma, et je fus touché du sort
» misérable d'une population de vingt mille âmes:
» je fis cesser le pillage, et je pardonnai.....

» Monte Fredonia, San-Marco, Forre Maggiore et tous les pays environnans, sont venus
» demander pardon : de manière que toute la
» Pouille qui, quelques jours auparavant, à l'exception de Foggia, était en insurrection générale, est actuellement pacifiée. »

Tandis que nos victoires ramenaient la paix dans les provinces, le général en chef la maintenaît avec peine dans la capitale. Les agens du Directoire, sans respect pour les propriétés publiques ou particulières, frappaient, sans motifs, cette malheureuse ville de contributions énormes. Les banques étaient épuisées; les Monts-de-Piété voyaient chaque jour enlever les objets qu'ils avaient en nantissement; les biens des particuliers qui avaient suivi le Roi, d'abord mis sous le séquestre, furent bientôt vendus: enfin, il n'est de vexations et d'injustices qui ne fussent commises pour épuiser l'Etat, ou enrichir quelques avides particuliers; car, malgré tous ces moyens de lever de l'argent, les caisses de l'armée étaient vides, et l'on ne faisait rien passer en France. En vain Championnet cherchait à réprimer ces abus: les agens du Directoire méconnaissaient son autorité. Cependant, le mécontentement des Napolitains était à son comble; et les Lazzaronis étaient à la veille de recourir aux armes. Pour éviter une nouvelle secousse, Championnet prit le parti de rendre un arrêté qui ordonnait aux agens français, qui s'étaient formés en commission civile pour la rentrée des contributions, de sortir de Naples sous trois jours, et des états de Naples et de Rome avant dix. Cet acte d'autorité rendit le calme à Naples, qui commençait à s'agiter; mais les nombreux ennemis qu'il fit au général en chef, lui firent perdre le commandement. Il fut accusé d'avoir empiété sur les pouvoirs des commissaires du Directoire ; on lui imputa des dilapidations, et il fut traduit devant un conseil de guerre, qui devait se tenir à Milan, ainsi que les généraux Rey et Duhesme.

Dès que Championnet connut l'arrêté qui le destituait, il remit le commandement au général Macdonald ; et, fort de son innocence, il se remit entre les mains des agens chargés de l'arrêter.

Le général Macdonald s'appliqua à se concilier l'estime des habitans : il parvint à faire échouer toutes les tentatives que les agens de Ferdinand faisaient pour rallumer l'insurrection, et il espérait de voir la paix régner dans ces contrées, quand nos désastres sur l'Adige, le débarquement du cardinal Ruffo et d'un corps de Russes sur les côtes de la Pouille, rallumèrent tous les feux de la guerre. C'est alors que commença cette belle retraite, qui a placé Macdonald au rang des premiers généraux vivans.

CAMPAGNES EN ALLEMAGNE

ET EN ITALIE.

1800 et 1801.

Moreau,   Général en chef de l'armée du Rhin.
Augereau,   Général en chef de l'armée Gallo-Batave.
Macdonald, Général en chef de l'armée des Grisons.
Brune,   Général en chef de l'armée d'Italie.

La France victorieuse à Marengo et ailleurs, maîtresse de l'Italie et de la Bavière, croyait pouvoir dicter la paix à l'Autriche. Le double armistice d'Alexandrie et de Parsdorff semblait avoir ouvert des conférences dont le résultat devait être, pour les deux puissances belligérantes, une paix honorable, et, par conséquent, durable; telle était l'espérance, tels étaient les vœux des peuples; mais telles n'étaient pas les intentions du cabinet de Vienne; il ne croyait pas pouvoir la faire alors sans manquer à ses engagemens avec l'Angleterre, à la dignité de sa couronne, et à l'intérêt de ses peuples.

Quelle était cependant la position de l'Autriche? Depuis que la Russie avait quitté la coalition, elle soutenait seule tout le poids de la guerre. La dernière campagne l'avait replacée, à peu près dans la même situation où elle était lorsqu'elle traita à Campo-Formio. L'armée découragée, et affaiblie de moitié, demandait un repos qui lui était nécessaire après quinze campagnes, la plupart malheureuses, tant contre les Turcs que contre les Français; le gouvernement voyait diminuer ses ressources, et éprouvait un grand embarras dans ses finances: enfin, le peuple gémissait sous le poids des impôts, et tremblait qu'une armée étrangère vînt ravager ses campagnes et rançonner les villes.

Il était donc d'une sage politique de la part de cette puissance de ne pas confier aux hasards des combats sa tranquillité, son existence peut-être, pour des intérêts qui n'étaient plus les siens; car c'était pour l'Angleterre seule que la guerre se faisait sur le continent, et l'exemple de la Prusse et de la Russie, qui l'avaient senti et s'étaient retirées, aurait dû ouvrir les yeux à l'empereur François: mais un traité de subsides l'empêchait de traiter seul jusqu'au 28 février 1801, et le ministère anglais le berçait encore de l'espoir de lui faire recouvrer les Pays-Bas et la Lombardie, et dicter la paix aux vainqueurs de Marengo.

Cependant M. le comte de Saint-Julien était venu auprès du premier Consul entamer des négociations, dont le résultat fut le projet d'une réunion de plénipotentiaires à Lunéville. Pendant ce temps, de grands changemens avaient lieu dans l'armée autrichienne ; de tous côtés des recrues venaient remplir les cadres ; une levée en masse avait été proclamée en Hongrie par le comte de Saurau ; des réquisitions de chevaux remontaient une nombreuse cavalerie ; et on tirait, des places fortes et des frontières de la Turquie, les canons qui devaient remplacer ceux abandonnés sur les rives de la Bormida et aux plaines d'Hochstett. Le général Krai, disgracié d'une manière éclatante, avait remis le commandement de l'armée d'Allemagne au feldmaréchal Kollowrath, tandis que Mélas, remplacé par le comte de Bellegarde, prenait le commandement de la Haute-Autriche. Pendant qu'à l'intérieur de nombreuses réserves s'organisaient, les frontières de l'Autriche supérieure, sur la rive droite de l'Inn, se hérissaient de retranchemens depuis Kustein jusqu'à Passau. Les subsides anglais avaient ranimé tous les courages, en remplissant les coffres épuisés de la monarchie autrichienne.

De son côté, le premier Consul redoublait d'efforts pour conserver la supériorité. Aux premiers jours de septembre, 24,000 hommes occupaient la ligne fixée par les armistices d'Alexandrie et de Parsdorff ; ligne qui partait des frontières de la Toscane et allait jusqu'au Mein, en traversant l'ouest de l'Italie, la Valteline, le Voralberg, le Tyrol, la Bavière et la Franconie. Dans ces 24,000 hommes, sont comprises deux nouvelles armées, qui venaient de se former; l'une, forte de 17,000, tant Français qu'Hollandais, obéissait à Augereau : elle devait, sous le nom d'armée Gallo-Batave, former l'extrême gauche de la masse des armées françaises, et veiller aux débouchés de la Bohême, par lesquels un corps d'armée autrichien aurait pu descendre, venir sur la rive gauche du Danube, forcer Moreau à se distraire de l'attaque de la ligne de l'Inn, et l'obliger à faire front au Danube : cette armée était sur le Mein. L'autre, aux ordres de Macdonald, après avoir quitté Dijon, où elle avait été formée, avait débouché en Suisse par Genève et Pontarlier, s'était dirigée par Berne, Zurich, Saint-Gall, Lucerne et Wallenstadt, et était venu se mettre en ligne sur les sommités du Tyrol allemand. Cette armée, qui prit le nom d'armée des Grisons, était forte d'environ 15,000 hommes, et devait être portée au double. Elle remplissait l'intervalle qui séparait les armées d'Allemagne et d'Italie, et devait seconder l'une ou l'autre, selon que le demanderaient les circonstances.

L'armée d'Allemagne, commandée par Moreau, et cantonnée en Souabe et en Bavière, avait été portée au grand complet; forte par sa discipline, son instruction et les talens de ses généraux, plutôt que par son nombre, elle était une des plus belles que la France ait eues jusqu'à cette époque : elle prouvera bientôt qu'elle était une des meilleures. Son artillerie, commandée par le général Eblé, était formidable.

L'armée d'Italie obéissait à Brune : elle avait une cavalerie très-nombreuse, et une artillerie plus remarquable encore ; et ses nombreux équipages de siége que l'on organisait à Turin, semblaient faire croire qu'elle était destinée à porter les coups décisifs. En effet, il est probable que c'est à sa tête que le premier Consul projetait, en cas de la reprise des hostilités, de pénétrer jusqu'à Vienne ; projet qui fut dérangé par les rapides succès obtenus par Moreau aux champs de Hohenlenden. Outre ces armées, qui vivaient aux dépens des pays conquis et qui devaient s'ébranler au premier coup de canon, on formait en France plusieurs réserves, et notamment à Amiens, où le général Murat rassembla 10,000 hommes d'élite, tous grenadiers et chasseurs.

Tel était l'état des choses lorsque l'armistice fut dénoncé, et lorsque les armées se préparèrent à reprendre les armes. C'était le 10 septembre que la campagne devait se rouvrir. Le 6, l'empereur François II, suivi de l'archiduc Jean, s'était rendu à son quartier-général d'Alt Oettingen ; il parcourut toute la ligne, et ranima tous les courages. Mais, malgré ces démonstrations, l'Autriche était bien loin de désirer la reprise des hostilités: les négociations continuaient toujours, dans l'espérance de gagner du temps; et le premier Consul, qui pressentit le besoin que l'Autriche avait de la prolongation de l'armistice, en profita habilement pour améliorer la position des armées françaises: en conséquence, il consentit une prolongation d'armistice de quarante-cinq jours, à dater du 20 septembre, moyennant la cession, comme places de sûreté, de Philipsbourg, Ulm et Ingolstat. (Quoique ces places ne fussent cédées que comme places de sûreté, le Gouvernement français les fit raser sur-le-champ, pour éviter qu'en cas qu'un corps d'armée débouchât par la Bohême, comme nous l'avons dit plus haut, Ulm et Ingolstat, où les Autrichiens seraient rentrés facilement, ne leur servissent de point d'appui).

L'empereur d'Autriche retourna dans sa capitale, où il y reçut les bénédictions d'un peuple qui le croyait sincérement disposé à la paix; mais, si à Vienne il prononçait des paroles de paix, dans les provinces on ne s'occupait que d'exécuter les ordres qu'il donnait pour recommencer la guerre: l'insurrection hongroise était organisée; la levée des milices s'exécutait avec activité, et l'archiduc Charles organisait en Bohême une armée de 60,000 hommes.

Par une sage politique, il ne s'aliénait pas l'esprit de ses peuples en heurtant leurs désirs ; il les flattait, et en même temps il poursuivait ses desseins. La nation, persuadée des sacrifices que faisait son souverain pour obtenir la paix, vit bientôt ces immenses préparatifs de guerre comme un moyen de l'obtenir, et elle le seconda. Lorsqu'elle se vit des armées nombreuses, elle se flatta bientôt de conquérir cette paix qu'on voulait lui faire acheter si cher : enfin, elle ne voulut plus la paix, et ne fit retentir que des cris de guerre. C'est ainsi que la maison d'Autriche rendit nationale une guerre que les peuples redoutaient, et dont ils ne voyaient d'abord les apprêts qu'avec un mécontentement qui se manifesta par des murmures séditieux.

Cependant les jours de l'armistice s'écoulaient, et les négociations n'amenaient aucun résultat. Le congrès de Lunéville n'était encore qu'un projet, et ce ne fut que sur la fin d'octobre que le comte Louis de Cobentzel, plénipotentiaire autrichien, se rendit en France : le congrès fut ouvert le 9 novembre, et le 25 les hostilités devaient être reprises.

Avant de donner la position respectives des armées, et de les suivre dans leurs marches, nous croyons devoir compléter le rapide tableau que nous venons d'esquisser, en faisant connaître au lecteur ce qui se passait en Italie, tandis qu'on négociait en France, et qu'on armait en Autriche.

L'esprit des peuples de l'Italie était défavorable aux Français ; la misère et les contributions accablantes en étaient la cause principale. En Piémont, en Toscane, dans le Ferrarais, sur les frontiers de la Romagne surtout, cet esprit se manifestait hautement ; des bandes d'insurgés harcelaient les renforts qui rejoignaient l'armée du général Brune, et coupaient ses communications : et à Civitella, un détachement ayant été surpris, onze soldats et un officier furent massacrés, après avoir posé les armes.

Les partisans de l'Autriche et ceux du roi de Sardaigne, profitèrent habilement de ces commencemens de révolte : bientôt le général Brune se vit obligé de livrer des combats à plusieurs bandes insurgées qui cherchaient à se réunir sur ses derrières. A Naples, on faisait des levées considérables, et tandis que le comte Roger de Damas, à la tête d'une division napolitaine, s'avançait dans les états du Pape, 12,000 hommes avaient pris position sur les frontières de la marche d'Ancône.

En Toscane, le marquis de Sommariva encourageait une levée insurrectionnelle, et déjà des attaques sérieuses avaient inquiété les corps des généraux Dupont et Monnier, qui formaient l'aile droite des français. Dans ces entrefaites le général

Brune, craignant que ces bandes, en s'unissant aux Napolitains, en formassent une armée nombreuse qui pourrait l'attaquer en queue, lorsque les hostilités reprendraient, somma le marquis de Sommariva de dissoudre sur-le-champ l'armée insurrectionnelle de Toscane. Cette sommation resta sans réponse; alors, d'après les ordres de son Gouvernement, il fit occuper les états du grand-duc de Toscane par le corps d'armée des généraux Dupont et Monnier. En conséquence, le général Dupont franchit l'Apennin, et occupa Florence le 15 octobre; le général Clément se porta sur Livourne et Monnier sur Arezzo : les insurgés furent facilement dispersés ; les Arétins seuls opposèrent une vigoureuse résistance, d'abord sur les bords de la Chiana, et ensuite dans les murs d'Arrezzo. Il fallut livrer un assaut. Les Arétins se défendirent avec le courage du désespoir : ils furent presque tous tués, sans vouloir accepter de capitulation ; et leur malheureuse ville fut à moitié détruite. Le général Carra-Saint-Cyr, le colonel Gérard et le chef de bataillon Lusignan se distinguèrent dans cette expédition. Cet exemple fit rentrer les rebelles dans leurs foyers, et le marquis de Sommariva se hâta d'évacuer la Toscane, avec le peu de troupes autrichiennes qui y étaient disséminées : il se retira dans le Ferrarais. Tel était en Italie l'état des choses, lorsque les hostilités recommencèrent.

Le 9 novembre 1800, le général Augereau, d'après les ordres du premier Consul, fi dénoncer aux généraux ennemis, que les hostilités devaient commencer le 24, à quatre heures du soir. Les plénipotentiaires, réunis enfin à Lunéville, devaient néanmoins continuer leurs travaux. Voyons, avant de décrire leurs combats, quelles étaient la position et la force des nombreuses armées qui occupaient la ligne de démarcation, sur une étendue du plus de trois cents lieues, depuis le fond de l'Adriatique jusqu'aux frontières de la Prusse. L'archiduc Charles était généralissime des armées impériales ; sous lui, le comte de Belgarde commandait 80,000 hommes dans le Mantouan et le Ferrarais : une excellente cavalerie en faisait la force principale. En Tyrol, le marquis de Chasteler était chargé de défendre les gorges des Alpes rhétiennes : 25,000 hommes, commandés par Auffenberg, Hiller, Laudon, Wukassowith, tous généraux qui étaient exercés à la guerre de montagnes, rendaient l'attaque de ces monts escarpés, une des plus périlleuses expéditions. La grande armée impériale, qui comptait dans ses rangs l'armée de Condé et les Bavarois, était de 130,000 hommes : l'archiduc Jean la commandait, et on lui avait adjoint le général Lauer pour l'aider de ses conseils. Cette armée occupait la ligne de l'Inn. Au de-là du Danube, 20,000 hommes gardaient la ligne de démarcation sur la Rednitz, la Vills et l'Alt-Mulh; à ce corps, commandé par le général Klenau, se liait un autre corps de 8,000 hommes, composé de levées mayençaises à la solde de l'Angleterre, aux ordres du baron d'Albini, et de quelques régimens autrichiens, que dirigeait le général Simbschon. Environ 260,000 hommes formaient donc la force de l'Autriche au commencement de la campagne. La France, ainsi que nous l'avons déjà dit, y opposait environ 240,000 hommes, divisés en quatre armées, et commandés par Moreau, Brune, Macdonald et Augereau.

Armée Gallo-Batave.

Le 24 novembre, à quatre heures après-midi, la guerre recommença à ensanglanter l'Allemagne. Les premiers coups de fusil se tirèrent à la gauche des Français : le premier choc eut lieu à l'armée gallo-batave. Ce furent les levées mayençaises, stipendiées de l'Angleterre, qui engagèrent le premier combat : il appartenait, en effet, à cette puissance, pour qui la guerre continentale se faisait, de porter les premiers coups, et d'avoir, selon sa politique ordinaire, les honneurs de l'attaque, sans en courir les dangers.

M. d'Albini fit attaquer avec des forces supérieures un détachement hollandais, qui gardait la tête du pont du Mein, en face d'Aschaffembourg. Cette attaque vivement exécutée, fut soutenue avec vigueur ; et bientôt le colonel Collard, à la tête des hussards hollandais, chargea les milices d'Albini, balaya le pont, et rejeta les assaillans dans la ville. Ceux-ci l'évacuèrent dans la nuit ; et le 25 nous occupâmes Aschaffembourg : le colonel Collard reçut deux blessures grièves dans cette attaque.

Trois de nos divisions traversèrent la ville et se dirigèrent sur Vurtzbourg et Schweinfurt, tandis que M. d'Albini faisait sa retraite sur Fulde, et s'écartait ainsi du théâtre de la guerre. La division qui se porta sur Schweinfurt rencontra l'avant-garde du général Simbschon, à la forte position de Gemund ; mais, à notre approche, elle se replia et se concentra entre le Mein et la Rednitz, en abandonnant Schweinfurt. Le général Augereau fit aussitôt occuper ce point important ; et pour inquiéter les troupes du général Simbschon, il passa le Mein, et s'avança avec une forte avant-garde jusqu'à Geroldshoffen.

Pendant cette opération la division hollandaise du général Dumouceau investissait Wurtzbourg, place sans défense, qui nous fut remise le 30 par le général autrichien d'Allaglio. Le général Dumouceau investit alors le château de Marienberg, qui domine Wurtzbourg.

Tandis que nous occupions Wurtzbourg, le général Simbschon rassemblait 13 à 14,000 hommes à Bourg-Eberach, appuyait sa droite au pont d'Ettmann, couvrait Bamberg et poussait ses avant-postes sur Schweinfurt, qu'il méditait de reprendre. Le général Augereau résolut de le prévenir et de le forcer à lui abandonner les bords de la Rednitz. Pour ce but, après avoir réuni deux divisions à Geroldshoffen, il se mit en marche le 2 décembre; le 3, on fut en présence. Les Autrichiens occupaient un plateau fort élevé et avaient leur front à Bourg-Eberach, et sur deux hauteurs qui dominent ce village.

Le général Duhesme commença l'attaque; Bourg-Eberach fut enlevé: mais les Autrichiens s'étant reformés en seconde ligne, dans une position protégée par une artillerie formidable, le général Augereau fit tourner leur gauche, tandis que la cavalerie du général Treillard cherchait à déborder leur droite sur la route de Bamberg: à cet instant, le front, attaqué par la 29e. légère, était enfoncé, et le succès de la journée assuré.

Dans cette dernière attaque, le colonel Deverinne, qui conduisait la 29e., tomba mortellement blessé: *Mes amis*, s'écria-t-il en expirant, *c'est ainsi qu'il est glorieux de mourir au champ-d'honneur.*

L'avant-garde et la division Duhesme donnèrent seuls dans cette glorieuse journée: le reste de l'armée, arrêté dans des défilés et par des chemins difficiles, n'avait pu arriver à temps;

néanmoins, le général Simbschon crut avoir en tête des forces supérieures ; il abandonna la position dans la nuit, fila sur sa gauche, passa la Rednitz le 4, et se retira vers le Haut-Palatinat, en se rapprochant du corps de Klenau : il s'établit sur la Pegnitz.

Les Français entrèrent alors dans Bamberg; prirent position sur la Rednitz, et poussèrent des partis sur Nuremberg. Ces rapides succès eurent les plus heureux résultats; ils couvrirent le flanc gauche de Moreau, lui permirent de concentrer ses forces en Bavière, sans craindre qu'une diversion tentée par la Bohême, vînt le forcer à faire face au Danube. Voyons maintenant quel parti il sut tirer de la belle armée qu'il commandait, et de la sécurité avec laquelle il pouvait combattre.

Armée du Rhin.

Ce ne fut que le 13 novembre que l'armistice fut dénoncé à cette armée : le général Moreau arriva le 22 à son quartier-général d'Ausbourg ; déjà le général Dessoles avait donné les ordres pour que les divisions se trouvassent à leur poste le 28. L'aile gauche, commandée par Lecourbe, observait les débouchés du Tyrol ; le centre, dont Moreau conservait le commandement immédiat, était à Ebersberg. Le général Grenier, avec l'aile gauche, s'étendait de Hohenlinden à Horlkofen, et veillait sur la vallée de l'Issen. Les généraux Sainte-Suzanne et Souham devaient suivre les mouvemens du corps de Klénau, qui était sur la rive droite du Danube.

A son arrivée à l'armée, Moreau dévoila aux Français, qui depuis long-temps étaient habitués à savoir pourquoi ils combattaient, les tortuosités du cabinet de Vienne, par la proclamation suivante :

« Soldats,

» Le Peuple français était loin de croire
» que vous seriez encore forcés de reprendre
» les armes dans la saison la plus rigoureuse,
» pour lui donner une paix qu'il désire avec
» bonne foi, et que ses ennemis cherchent à
» éloigner par les ruses que la diplomatie
» n'emploie que trop fréquemment. En effet,
» on ne pouvait guère s'attendre à voir un négo-
» ciateur sans pouvoir de négocier.

» Le Gouvernement français, aussi franc que
» doit l'être celui d'un état libre, s'est empressé
» de faire à l'ambassadeur de la maison d'Au-
» triche, les ouvertures les plus avantageuses ;
» il ne doutait nullement de mettre un terme à
» vos travaux, et de rendre le repos et le bonheur
» à la république.

» Le comte de Cobentzel déclare qu'il ne peut

» traiter de la paix qu'en présence des commis-
» saires anglais.

» En vain lui objecte-t-on qu'un peuple qui
» solde tous ceux de l'Europe qui veulent s'ar-
» mer contre nous, ne consentira point à voir
» cesser une guerre que son gouvernement trouve
» avantageuse, et cherche à prolonger même
» par des moyens odieux.

» La raison se tait devant des pouvoirs impé-
» ratifs, et de nouveaux succès paraissent seuls
» devoir faire changer des dispositions aussi
» étranges.

» C'est par d'aussi misérables chicanes que
» nos ennemis ont cru gagner une saison qui ne
» nous permettrait pas de faire cette campagne
» avec succès.

» Ils devraient mieux nous connaître, et croire
» que les soldats français, aussi peu sensibles
» aux rigueurs de la saison qu'ils l'ont été en
» conquérant la Hollande, et en défendant le
» fort de Kell, sauront surmonter les mêmes
» obstacles, pour rendre à leur patrie une paix
» qui mettra le comble à leur gloire et à sa
» prospérité.

» Moreau. »

L'armée impériale, retardée dans ses mouvemens par de longues pluies, qui avaient rendu
les routes impraticables, ne s'ébranla, pour se

mettre en ligne, que le 28. Moreau, qui ne pouvait attaquer de front la ligne de l'Inn, qu'avec le désavantage de la position, puisque la rive droite que les impériaux occupaient, dominait fortement la rive gauche, résolut d'attendre que ceux-ci commençassent leurs mouvemens : le succès couronna sa prudence.

Forts de leur nombre, et pressés de porter un coup décisif, les Autrichiens résolurent de prendre l'offensive : leur but était de faire couper la retraite de l'armée française sur Munich, par le corps de Klenau ; sur Augsbourg, par le général Hiller, qui déboucherait du Tyrol par la vallée du Lech, et de l'écraser ensuite entre l'Inn et l'Isère.

Séduit par ce plan gigantesque, l'archiduc Jean se prépara donc à quitter la redoutable barrière de l'Inn, pour se porter en avant : c'est ce qu'attendait Moreau pour déterminer son plan. Le 30 novembre et le 1er décembre, les Autrichiens passèrent l'Inn sur les ponts de Mulhdorf et de Craybourg, et se rangèrent sur la rive gauche. Aussitôt Moreau fit reconnaître leurs forces et mit son armée en mouvement pour forcer l'archiduc à montrer son dessein. Dès que le général français crut l'avoir pressenti, il manœuvra de manière à écarter l'ennemi le plus possible des débouchés du Tyrol, à l'attirer sur un terrain coupé, couvert de bois favorables aux manœuvres qu'il méditait, et sur lequel la supériorité de la cavalerie autrichienne et de sa nombreuse artillerie ne pourrait l'emporter sur celle de l'infanterie française. A cet effet, le général Grenier, avec deux divisions de l'aile gauche, prit position sur les hauteurs qui dominent Ampfingen, plaça ses brigades en échelons sur la chaussée de Muhldorf, et occupa les points les plus avantageux entre l'Inn et l'Issen. De ces deux divisions, l'une, commandée par Ney, exécuta son mouvement sans obstacles; mais l'autre, aux ordres du général Legrand, fut obligée de livrer un combat très-vif, à Dorfen, et de disputer pas à pas la possession de la vallée de l'Issen.

L'archiduc, cependant, développait son plan d'attaque sur le flanc gauche des Français; il avait chassé la brigade Duronel de Wilsbibourg, était maître du pont de Laudshut, et menaçait les derrières de la gauche de Grenier.

Le 1er décembre, au matin, de fortes masses autrichiennes se déployèrent dans la plaine d'Ampfingen; Aschau et Lauterbach, occupés par Ney, furent vivement assaillis, et bientôt l'archiduc se rendit maître des hauteurs de Ralenkirchen. Toute l'aile gauche fut attaquée, et pendant cinq heures des plus vigoureuses attaques, les Autrichiens ne purent rompre notre ligne; mais tandis qu'une partie de l'armée autrichienne combattait, l'autre manœuvrait pour tourner notre position;

et Moreau, qui avait pleinement réussi à mettre à découvert les projets de l'archiduc, ordonna au général Grenier de faire sa retraite : il n'y avait pas un instant à perdre ; déjà même le défilé par lequel le général Ney devait se retirer, était au pouvoir de l'ennemi, lorsqu'un escadron de dragons le chargea, gravit sous son feu l'escarpement déjà couronné, se rendit maître du défilé, et sauva ainsi cette division et son artillerie.

La retraite s'opéra avec le moins de désordre possible, et l'aile gauche prit position à Haag, à Ramsau et à Dorfen.

Cette journée fut toute à l'avantage de l'Autriche ; l'archiduc crut avoir battu toute l'armée française, et son erreur fut comfirmée quand il nous vit, le 2, continuer notre mouvement de retraite : il nous suivit pas à pas, et vint se placer dans la position que Moreau avait choisie pour livrer une affaire générale.

Nous croyons devoir ici quitter la plume, et présenter au lecteur quelques passages des pages où M. le général Mathieu Dumas a si bien développé les belles manœuvres qui ont décidé le succès de la dernière grande bataille où Moreau ait développé son génie : nous prendrons ce récit au 2 décembre au soir. Voici quelle était la position de l'armée.

« Le corps de l'aile gauche, d'environ 22,000 hommes, appuyait sa droite à Hohenlinden, s'étendait jusqu'à Hartoffen, gardait les débouchés d'Issen et de Lendorff, position défensive parfaitement masquée et dont l'abord était partout difficile. Le général Grenier eut ordre de s'y maintenir si l'ennemi engageait le combat, jusqu'au moment où le général en chef lui donnerait lui-même l'ordre d'attaquer.

La division du centre, forte de 10,000 hommes, sous les ordres du général Grouchy, appuyait sa gauche à Hohenlinden, et s'étendait en coupant la chaussée, et resserrait un peu sa droite, le long de la lisière du bois, dans une grande éclaircie qu'on trouve en sortant d'un défilé.

La réserve de cavalerie, placée en arrière de Hohenlinden, fut mise à la disposition du général Grenier. Une seule brigade fut détachée à Eding avec quelques compagnies d'infanterie, pour éclairer la gauche plus au loin, et garder les communications avec Munich, menacée par le corps de Keinmayer, qui débouchait par Dorfen.

Les deux divisions du corps de Sainte-Suzanne, qui avaient passé le Danube, eurent ordre de changer de direction, et de se porter à marches forcées sur Frexsengen, pour y arriver le 3 décembre, afin d'arrêter les progrès du corps du général Klénau qui avait déjà dépassé Laudshut.

A la droite de Hohenlinden, le général Richepanse avait replié sa division sur Ebersberg, et le général Decaen avait porté la sienne un peu plus en arrière à Zornotting ; ce qui formait sur ce point, à la distance d'une lieue et demie du centre, une masse d'environ 17,000 hommes.

Le lieutenant général Lecourbe, ayant fait suivre au corps de l'aile droite le mouvement rétrograde de l'armée, était revenue prendre ses premières positions à Helfendorf ; et appuyant sur sa gauche pour se lier avec les divisions du centre, il avait porté la plus grande partie de ses forces vers les sources de la Glon à Flamering, point intermédiaire entre la chaussée de Wasserbourg et la route de Rosenheim. »

L'armée autrichienne, réunie en deçà de l'Inn, après s'être portée en avant de Haag, poussait devant elle, sans trop la presser, la division Grandjean, qui formait l'arrière-garde, vint se réunir à Hohenlinden, et au corps du centre.

Ici commencent les manœuvres décisives de Moreau, et nous allons reprendre M. Mathieu Dumas, pour les suivre avec plus de précision.

« Le mouvement des principales forces de l'ennemi, décidément dirigé sur Munich, par la grande chaussée de Mühldorf, et ceux des corps détachés de son aile droite indiquant l'effort qu'il méditait de faire contre la gauche de l'armée française, le général Moreau envoya au général Richepanse, à Ebersberg, l'ordre de se mettre

7 *

en mouvement à la pointe du jour, et de marcher par Saint-Christophe sur Mattenpot, pour tomber sur les derrières de l'armée autrichienne lorsqu'elle serait engagée dans le défilé. Le général Decaen reçut, à Zornotting, celui de suivre le général Richepanse, et de laisser seulement un corps sur Ebersberg pour observer la chaussée de Wasserbourg, de concert avec les troupes du général Lecourbe, qui avaient ordre de marcher de Flamering sur Eberberg, et de prendre en flanc tout ce qui tenterait de pénétrer au-delà.

Le 3 décembre, l'armée impériale poursuivit sa marche sur trois colonnes, et dans un ordre tel, que la plus parfaite sécurité et la certitude de ne rencontrer aucun obstacle sérieux, et de n'avoir à combattre de position en position que les arrières-gardes d'une armée en pleine retraite, n'avaient pu le déterminer. La colonne du centre où se trouvait le gros de l'armée autrichienne et tout le corps bavarois, marchait directement par la grande route sur Hohenlinden ; l'infanterie était en tête, le grand parc d'artillerie suivait sans intervalle, et toute la réserve de cavalerie fermait la marche. La colonne de gauche était dirigée sur Albachinde et Saint-Christophe, pour gagner la chaussée de Wasserbourg. La colonne droite marchait sur Burgrain. Le corps du général Keinmayer, débouchant de Dorfen, devait arriver de Schwaben et entrer dans la plaine d'Auzing, où l'archiduc Jean comptait réunir son armée : il supposait que l'ensemble de ce grand mouvement, concerté avec celui du général Klenau, remontant par Freysingen, la rive gauche de l'Issen aurait déjà contraint les Français d'évacuer Munich et de prendre la ligne du Lech. Cette espérance fut promptement déçue : les colonnes autrichiennes, mises en mouvement deux heures avant le jour, ne rencontrèrent d'abord, en entrant dans la forêt, aucun autre obstacle que celui des chemins dégradés par le mauvais temps. La neige tombant à gros flocons, retardait la marche et rendait incertaine la direction des corps qui ne suivaient pas la grande route.

Du côté des Français, le général Moreau, s'étant bien assuré que ses premières dispositions étaient exécutées sur toute la ligne, et que ses derniers ordres avaient été reçus et bien entendus par ses généraux, se rendit à la pointe du jour sur le champ de bataille. On attendait en silence les premières approches de l'ennemi. Vers les huit heures, les avant-postes de la division Grandjean, sur la grande route, furent repliés, et bientôt après le corps du général Grouchy fut attaqué sur son front, et par son flanc droit appuyé au bois qui longe parallèlement la plaine. M. l'archiduc croyant n'avoir à forcer, au débouché d'Hohenlinden, qu'une division d'arrière-garde, profita de la supériorité de ses forces sur ce point, et s'attacha à faire déborder la droite de tout ce qu'on pouvait apercevoir de la ligne de bataille des Français. Le reste de sa meilleure infanterie, les Hongrois et les Bavarois, se pressant d'arriver, et ne pouvant se déployer, se serraient en masse dans ce long défilé où l'artillerie était déjà engagée, et n'avait sur ses flancs aucune issue.

Le premier effort fut dirigé sur le front de la division du général Grouchy, qui laissa au général de brigade Bonnet le soin et l'honneur de le soutenir; il arrêta, avec la 108e, les progrès que commençait à faire l'ennemi. Cette demi-brigade, qui combattait avec une inébranlable fermeté, fut prise en flanc par les bataillons qui cherchaient à déboucher du bois en tournant sa droite. Le brave chef de brigade Marcoguet fut grièvement blessé et fait prisonnier. Les Autrichiens gagnaient du terrain quand les généraux Grandjean et Grouchy, ensemble à la tête d'un bataillon de la 46e., firent une charge si vigoureuse, qu'ils culbutèrent, après une sanglante mêlée, tout ce qui avait débouché du bois, y pénétrèrent suivis des bataillons restés en colonne sur la lisière, et rétablirent le combat; il fut opiniâtre et glorieux pour les deux partis. Les rangs étant rompus par les arbres et les inégalités du terrain, on se battit long-temps corps à corps. L'avantage resta aux Français, qui firent beaucoup de prisonniers, parmi lesquels le général

Spanochi, conduisant cette attaque, fut enveloppé.

L'aile droite des Autrichiens commençait à déboucher par les hauteurs de Burgrain, en face de la division du général Ney; le lieutenant général Grenier la fit aborder de front, en se liant à l'attaque du général Grouchy. L'impulsion de cette charge fut si vive, qu'en un instant plus de 1,000 prisonniers et 8 à 10 pièces de canon tombèrent entre les mains de Ney.

Pendant que le général Moreau arrêtait ainsi, à l'entrée de la plaine, tout le centre de l'armée autrichienne, il faisait refouler dans le défilé cette profonde colonne qui n'avait pu se déployer. Il attendait avec impatience le moment où le général Richepanse, arrivé à Mattenpot, l'attaquerait sur ses derrières. L'heure approchait, et déjà les charges moins vigoureuses, l'incertitude qu'on remarquait dans les mouvemens de l'ennemi, faisaient soupçonner qu'il avait connaissance de cette manœuvre décisive.

En effet, le général Richepanse qui, d'Ebersberg avait porté sur sa division Saint-Christophe, quitta ce village à sept heures du matin. Il marchait à la tête de sa colonne à travers bois par des chemins affreux, dont les guides ne pouvaient même reconnaître la direction; parce que la neige qui tombait comme par nuées, effaçait toutes les traces et ne permettait pas de démêler les objets à dix pas devant soi. La moitié de la division (la 8e. et 48e. de ligne et le 1er. régiment de chasseurs) avait dépassé Saint-Christophe lorsque la colonne de gauche des Autrichiens qui marchait par la vallée d'Albichingen pour gagner la chaussée de Wasserbourg, rencontra cette division française, l'attaqua par le flanc et la coupa à peu près vers le centre. Le général Drouet, qui commandait cette seconde brigade, se trouva séparé de la première, arrêté et forcé de se mettre en bataille : la fusillade s'engagea vivement. Richepanse, décidé à attendre même, avec le peu de forces qui lui restait, le but de l'opération qui lui était confiée, ne s'en laissa pas détourner ; et poursuivant sa marche, il ordonna général Drouet d'occuper fortement l'ennemi jusqu'à ce que le général Decaen, déjà parti à Ebersberg, arriva pour le dégager. Belle résolution dans la circonstance la plus difficile! admirable exemple de fidélité dans l'exécution des ordres du général en chef!

Arrivé enfin au village de Mattenpot, qui est situé sur une colline à la lisière du bois et à portée de fusil de la grande route, le général Richepanse surprit d'abord quelques cuirassiers de Nassau. C'était la tête de la grande réserve de cavalerie qui venait de Haag, et qui, marchant comme nous l'avons dit, à la suite de l'artillerie, allait à son tour s'engager dans le funeste défilé. Richepanse, à mesure que sa colonne débouchait du village, forma sa ligne de bataille en avant et un peu au-dessous de l'église, la 8e. demi-brigade à sa droite et le 1er. régiment de chasseurs sur le front et au centre, avec six pièces d'artillerie qu'il n'avait pu faire suivre qu'en surmontant les plus grandes difficultés. La 48e. demi-brigade formait la gauche et s'appuyait à la forêt, très-près de l'entrée du défilé. Il occupait ainsi, parallèlement à la chaussée, le diamètre de l'éclaircie à peu près circulaire, ou petite plaine de Mattenpot. Huit escadrons autrichiens étaient en bataille de l'autre côté de la chaussée, et sept à huit bouches à feu répondant à celles des Français, protégeaient le déploiement du reste de la colonne qui venait de Haag. Richepanse ne donna pas le temps à l'ennemi de juger du peu de forces qu'il avait à lui opposer (il n'avait guère plus de 5,000 hommes); pendant que la 48e. demi-brigade se formait, il fit exécuter une charge vigoureuse, par le 1er. régiment de chasseurs, sur la cavalerie autrichienne; mais ce régiment, en abordant l'ennemi, fut pris en flanc et ramené à la droite de la ligne. Le cercle se resserrait de plus en plus, et dans l'incertitude si le général Drouet avait pu se dégager, Richepanse se détermina à se jeter en masse dans le défilé, pour porter le désordre sur les derrières de l'ennemi. Cette manœuvre fut exécutée avec la rapidité de la foudre. Le général Walther, prenant le commandement de la droite en se dirigeant vers la forêt, contint la cavalerie, lui faisant tête et combattant en arrière-garde, pendant que Richepanse, à la tête de la 48e., pénétra dans la forêt d'Hohenlinden.

Le canon du combat de Mattenpot avait déjà, mais trop tard, attiré l'attention du général autrichien qui, avec une réserve de grenadiers hongrois, marchait à la suite du parc; il rebroussa chemin pour venir défendre l'entrée de la forêt avec trois pièces d'artillerie. Plusieurs décharges à mitraille et la mousqueterie des tirailleurs répandus dans le bois des deux côtés de la route, ne firent qu'accélérer le mouvement des Français. Trois bataillons de grenadiers hongrois, réunis en colonne serrée, barrant la chaussée, s'avancèrent au pas de charge. Dans ce moment décisif, Richepanse, en se tournant vers les braves qui le suivaient, leur dit : *Grenadiers de la 48e., que dites-vous de ces hommes-là?—Ils sont morts, s'écrient-ils*; et croisant la baïonnette, ils se précipitèrent sur l'ennemi. Le choc fut terrible: les Hongrois furent culbutés ; et l'impulsion, une fois donnée, la colonne française renversa toutes les masses qui lui furent successivement opposées.

Ceci se passait au moment même où le général enfonçait à la sortie du défilé, vers Hohenlinden, les bataillons qui tentaient de s'y maintenir. On vit alors cette énorme colonne, pressée de toutes parts dans le défilé, tourbillonner, rompre ses rangs et se précipiter en désordre dans la forêt. Les fuyards, poursuivis à travers les sapins, rencontraient partout la mort, et ne trouvaient de salut que dans la générosité du vainqueur. Quatre-vingt-sept pièces d'artillerie furent abandonnées sur la chaussée couverte de cadavres, de blessés, de chevaux épouvantés, d'armes et de débris de toute espèce. Ce fut au milieu de cette scène de carnage que les troupes de Ney et de Richepanse se reconnurent et annoncèrent, par leurs cris de victoire, que la réunion était opérée. Le général Richepanse revint aussitôt sur ses pas pour soutenir le général Walther, fortement engagé avec la cavalerie du côté de Mattenpot; il le rencontra grièvement blessé et porté comme en triomphe par ses soldats. La brigade du général Drouet, dégagée par Decaen, avait rejoint la division. Le général Richepanse, après avoir bordé avec son infanterie les deux côtés de la forêt, à l'entrée du défilé, deboucha avec la cavalerie, et poursuivit celle de l'ennemi qui se retira précipitamment sur Haag.

Le général Decaen, après avoir laissé en observation sur la route de Wasserbourg un détachement de 1,200 hommes, était accouru à Saint-Christophe où le général Drouet, engagé sur un plateau très-étroit qui ne lui permettait pas de déployer sa brigade, était vivement pressé par la colonne autrichienne sous les ordres du général Riesch. L'avant garde de la division Decaen, conduite par le chef de brigade Lafond, attaqua si brusquement le flanc gauche de l'ennemi, qu'il fut obligé d'y porter son attention, d'y opposer sa réserve et d'arrêter ce mouvement de sa droite. C'est alors que le général Drouet, débarrassé, obliquant à gauche, continua sa marche pour se rallier au général Richepanse sur la grande chaussée. Decaen ordonna au général Kessenwits de se porter, avec la légion Polonaise, à travers la forêt, entre Mattenpot et Saint-Christophe, sur le flanc droit de l'ennemi, de combattre fortement pour l'arrêter et le contenir, pendant qu'avec le reste de sa division il marcha à travers bois directement sur la chaussée, se réunit au général Grouchy au fort de la mêlée, et concourut à achever la déroute.

A deux heures après midi, le général Moreau avait engagé la bataille : sa belle manœuvre avait complètement réussi. Le centre de l'armée de l'archiduc était entièrement détruit ; mais les ailes combattaient avec acharnement ; elles se trouvaient tellement avancées à plus de deux lieues de distance en deçà et au delà de la chaussée, et la confusion était si grande, que les généraux qui les commandaient, ne pouvant connaître encore, à cause de l'épaisseur de la forêt, l'événement arrivé dans le défilé, s'obstinaient à exécuter les premiers ordres qu'ils avaient reçus : ils se maintenaient dans leurs positions. L'aile droite des Autrichiens avait sur l'aile gauche des Français, outre l'avantage du terrain, celui de la supériorité du nombre, et cherchait à la déborder.

Le lieutenant-général Grenier avec deux divisions d'infanterie, celles de Legrand et de Bastoul, la réserve de cavalerie commandée par le général d'Hautpoul, et la brigade de réserve du général Ney, soutenait l'effort des corps de Keinmayer et de Baillet, qui avaient débouché par Dorfen et Issen, et s'étaient réunis conformément aux instructions générales de M. l'archiduc Jean. Dès qu'il fut informé de la défaite du centre, il reprit l'offensive et fit attaquer les positions qui furent plusieurs fois prises et reprises : les 51e. et 42e. demi-brigades soutinrent, sans s'ébranler, les charges réitérées de la cavalerie autrichienne. Enfin, le général Legrand parvint à rejeter dans le défilé de Lendorf la division qui lui était opposée ; et, de son côté, le général Bonnet, avec une brigade de la division Bastoul, pénétra jusqu'à Issen, fit 1,500 prisonniers et prit six pièces de canon. L'ennemi dirigea une nouvelle charge sur le centre de cette division ; le général Grenier la fit soutenir par les trois régimens de cavalerie de la réserve du général d'Hautpoul, et un bataillon de grenadiers. Bastoul forma de nouveau ses colonnes d'attaque, pour déposter l'ennemi des hauteurs de Taling. Bonnet, soutenu par la cavalerie du général Fauconnet, fit un mouvement décisif sur le flanc droit de l'attaque, pendant que la gauche était débordée par la brigade de réserve du général Goba. Le général Bastoul fut grièvement blessé dans cette charge, qui fut la dernière. Les troupes que le général Moreau avait fait rétrograder pour renforcer son aile gauche, trouvèrent le lieutenant-général Grenier maître du champ de bataille le plus obstinément disputé, et les divisions autrichiennes en pleine déroute.

Dans le même temps, à la droite, entre Saint-Christophe et Mattenpot, le général Decaen combattait à la fois contre le corps du général Riesch et contre les débris du corps du centre qui cherchaient à s'y réunir, ou tentaient de gagner la route de Wasserbourg. Le général Knesswitz, qu'il avait laissé en position à Saint-Christophe avec ses Polonais, après avoir dégagé le général Drouet, avait soutenu toute la journée le combat le plus inégal, et empêché le général Riesch de déboucher dans la vallée d'Albichingen : il allait être accablé quand le général Dureul, après avoir fait mettre bas les armes à 900 Autrichiens ralliés, et traversant la forêt, se porta à Albichingen, prit en flanc le corps du général Riesch, décida sa retraite, et dégagea le général Knesswitz et ses vaillans soldats.

Ainsi se termina cette mémorable bataille; elle fut complètement gagnée par l'exécution la plus vigoureuse et la plus littérale du plan prémédité: exemple rare dans les fastes militaires! A quatre heures du soir 11,000 prisonniers dont 179 officiers, les généraux Deroy et Spanochi, 100 pièces de canon, étaient au pouvoir des Français. Ces résultats, ces trophées eussent encore été plus considérables, si la plus longue nuit d'hiver et la rigueur de la saison n'eussent favorisé la retraite précipitée de tant de corps rompus ou désunis; plus de 6,000 Autrichiens restèrent sur les trois champs de bataille : un grand nombre de leurs soldats égarés et prêts à périr de faim jetaient leurs armes et couraient se rendre prisonniers. La perte des Français fut à peu près de 2,500 hommes. »

Nous avons cru devoir emprunter une plume expérimentée et entrer dans de longs détails sur la bataille de Hohenlinden, parce que nous la regardons comme l'événement le plus important et le plus décisif de cette campagne; nous allons maintenant suivre avec rapidité les différentes armées dans leurs marches, et présenter successivement les habiles manœuvres qui ont illustré quatre de nos meilleurs généraux.

Le premier soin du général en chef, à son retour à son quartier-général, fut de donner à chacun les éloges qu'il méritait ; il chargea les généraux de témoigner sa reconnaissance aux troupes dont la valeur avait été si brillante. Dans son rapport au Gouvernement consulaire, il attribua la victoire à l'intrépidité du général Richepanse, aux belles manœuvres de Grenier, à la fermeté avec laquelle le général Knesswitz et ses braves Polonai soutinrent le général Riesch. Les généraux Grouchy, Ney, Grandjean, Decaen, Bonnet, Bastoul conduisirent les attaques les mieux combin es ; d'Hautpoul et Wallher exécutèrent des charges très-brillantes ; et les chefs de brigade Marcoguet et Lafond obtinrent les éloges les plus mérités.

Cependant l'armée impériale opérait sa retraite dans le plus grand désordre : l'archiduc Jean faillit être enveloppé : le corps de cavalerie qui avait combattu les généraux Richepanse et Wallher, protégea la retraite de ce qui avait échappé du centre et de l'aile gauche, et qui se retirait par Craybourg et Muhldorf, pendant que le corps de Riesch traversait l'Inn à Wasserbourg. Kainmayer et Baillet prirent la vallée de l'Issen, et parvinrent, sans désordre, aux ponts de Muhldorf et d'OEttingen : pour n'être pas inquiétés dans leur mouvement, ils firent, dans la nuit, vivement attaquer le général Espagne, qui formait notre extrême gauche, et qui le pressait un peu vivement.

Le quartier-général français fut transporté le 4 à Haag ; toute la rive gauche de l'Inn était évacuée par l'ennemi.

Le 5, l'archiduc, après avoir fait fortement occuper la tête du pont et les points retranchés de la rive droite, put donner quelque repos à son armée. Keinmayer occupait les retranchemens de Muhldorf ; le corps de Reisch était à Harmanzof ; le général Baillet sur la route de Salzbourg, à Obing ; un corps de cavalerie et la réserve rétrogradèrent jusqu'à Hohenwarth, entre l'Alza et la Salza.

L'armée française prit position dans l'ordre suivant : Lecourbe se porta sur Roseinhem, dont le pont avait été coupé ; il poussait ses avant-postes vers Kuffstein ; le général Decaen échelonné sur la chaussée de Wasserbourg, bloquait la tête du pont ; la division Grouchy couvrait le défilé d'Aschau, et observait Craybourg ; le brave corps d'armée du général Richepanse était à Ampfing et à Romering. L'aile gauche, après avoir traversé l'Issen, se porta aux environs de Steig, tandis que le général Bonnet couronna les hauteurs de Schwindeck ; un corps de cavalerie de réserve resta à Hohenlinden. Les généraux Collaud et Laborde, qui agissaient isolément après avoir battu l'avant-garde autrichienne de Klenau, prirent position à Erding, et établirent leurs communications avec l'aile gauche.

Moreau devait songer à profiter des résultats de la dernière bataille ; et l'archiduc, malgré ses pertes énormes, pouvait réparer sa fausse manœuvre, en concentrant son armée à sa gauche, au pied des montagnes, sur le haut Inn, ne laissant sur l'Inn inférieur que les forces nécessaires à la défense de Muhldorf, de Caybourg et de Braunau. Mais le général français, pour prévenir ce mouvement et cacher ses desseins, porta toutes ses forces sur le bas Inn, tandis qu'après avoir reconnu un point favorable à Neupeuren, vers Keystein, pour forcer le passage, il y faisait diriger, de Munich, toutes les embarcations qu'il put rassembler ; ses équipages de pont se rendirent à Rosenheim, non loin de Neupeuren. Par un mouvement très-rapide, les troupes du centre et de l'aile droite se trouvèrent réunies le 8, aux environs de Neupeuren, Rosenheim et Aiblingen, tandis que le général Grenier restait à quinze lieues au-dessous de ces points, vers Muhldorf, exécutant de grands mouvemens et poussant de fortes reconnaissances sur Braunau et Scherding, pour inquiéter l'ennemi.

Dans la nuit du 8 au 9, l'aile droite, aux ordres de Lecourbe, se porta sur Neupeuren, et y établit des batteries qui, à six heures matin, ouvrirent leur feu. L'ingénieur Galbois et deux capitaines de pontonniers, Nègre et Henri, eurent bientôt fait jeter un pont malgré le feu de l'ennemi, qui, trop faible et surpris, ne put empêcher le général Montrichard de s'établir sur la rive droite, et de protéger les travailleurs.

Au même instant les divisions du centre marchèrent sur le pont de Rosenheim, dont une seule arche avait été coupée : mais bientôt l'ennemi l'eut incendié malgré nos efforts, et il fallut renoncer à passer l'Inn sur ce pont. Deux de ces divisions furent obligées de remonter jusqu'à Neupeuren, et laissèrent le général Richepanse en observation. Ce fut le corps de Condé, auquel étaient réunies les troupes wurtembergeoises, qui défendit et incendia les débris du pont.

A onze heures, le général Lecourbe et deux divisions occupaient la rive droite de l'Inn. La journée fut employée à prendre position, et le lendemain les généraux Montrichard et Gudin attaquèrent l'ennemi, qui s'était concentré à Stephanskirch et Koikering : il se retira sur Endorff, où il reçut quelques renforts que l'archiduc, trop tard éclairé sur les projets de Moreau, envoyait à la hâte : ils étaient trop faibles, et il n'était plus temps d'essayer de nous rejeter sur la rive gauche. En conséquence, les Autrichiens continuèrent leur mouvement de retraite, et prirent position derrière l'Alza, à cheval sur les deux routes de Salzburg.

Le général Lecourbe, avec les divisions Grouchy et Dejean, les harcela dans leur retraite.

Cependant, le général Grenier, averti de ces événemens, par les mouvemens de l'aile droite de l'archiduc, remonta l'Inn, le passa à Wasserbourg, qui fut abandonné à son approche, et se dirigea pour se réunir à l'aile droite et au centre. Tout le reste de l'armée, réserve, cavalerie, artillerie, passa sur les ponts de Muhldorf et de Wasserbourg.

Par cette savante manœuvre, le 12 décembre, Moreau se trouva maître de la rive droite de l'Inn, pénétrait dans la haute Autriche, isolait un corps ennemi qui était dans la haute vallée de l'Inn, et menaçait de couper les communications et la retraite sur l'Autriche, en cas de revers, au général Bellegarde et à l'armée d'Italie.

Arrêtons-nous un moment, et voyons par quels travaux Macdonald, et sa petite armée, s'associaient aux victoires de l'armée du Rhin.

Armée des Grisons.

Cette armée, d'abord destinée à seconder le général Moreau, devait recevoir de nombreux renforts; mais le premier Consul, qui méditait de marcher à Vienne, par la Corinthe, à la tête de l'armée d'Italie, jugea que Macdonald avait assez de forces pour traverser le Tyrol italien, et venir faire sa jonction avec la grande armée. En conséquence, il donna une autre direction aux renforts que le ministre envoyait à l'armée des Grisons. Macdo-

nald, cependant, dès qu'il sut sa destination, reconnut bientôt les difficultés invincibles qu'il aurait à surmonter. Non-seulement, tous les passages vers l'Italie étaient soigneusement gardés par des forces considérables ; mais la saison les rendait impraticables. Sa première division, qu'il avait fait passer, en octobre, des Grisons dans la Valteline, avait eu les plus grands obstacles à surmonter ; quels étaient ceux qu'il devait rencontrer quand les rigueurs de l'hiver et un ennemi aguerri lui disputeraient le terrain. Il dépêcha donc son chef d'état-major au premier Consul, pour demander des renforts et de nouvelles instructions. Le Consul, après avoir écouté, et après quelques questions sur les localités, donna ses ordres verbaux, et termina ainsi : « Il faut que,
» quinze jours après la reprise des hostilités, l'ar-
» mée des Grisons se trouve aux sources de l'Adda,
» de l'Oglio et de l'Adige, qu'elle ait tiré des
» coups de fusil sur le Mont-Tonal qui les sépare,
» et, qu'arrivant sur Trente elle forme la gauche
» de l'armée d'Italie, et manœuvre, de concert
» avec elle, sur les derrières de celle de M. de Bel-
» legarde. Je saurai porter à temps des renforts
» où ils seront nécessaires ; ce n'est pas sur la
» force numérique d'une armée, mais bien sur
» le but, sur l'importance de l'opération, que je
» mesure celle du commandement. »

Macdonald se prépara donc à agir avec le peu

de forces qu'il avait : environ 10,000 hommes, sans compter la division Baraguay-d'Hilliers, qui occupait la Valteline. L'armistice fut dénoncé le 8 ; et il fit quitter les cantonnemens à ses troupes, qui vinrent se poster sur le Rhin, de Coire à Rheineck, où s'établit le gartier-général. Aussitôt il prépara tous ses moyens de retraite, en cas de non-succès, et s'appliqua à attirer l'attention de l'ennemi vers le Tyrol occidental, en menaçant les retranchemens de San-Martins-Bruck.

Cependant il concentrait ses forces sur Coire et Mayenfeld, et bientôt il quitta Feldkisch et la vallée de l'Ill, qu'un corps de 3,000 hommes, détaché de l'armée du Rhin, vint occuper.

Après avoir, avec beaucoup de peine, rassemblé assez de vivres pour pouvoir faire distribuer à chaque homme cinq rations de biscuit, il se rendit à Coire et se prépara à agir : c'était le 22 que les hostilités commençaient.

Il divisa sa petite armée en autant de divisions, qu'il avait de généraux divisionnaires : Pully, Baraguey-d'Hilliers, Rey, Morlot et Laboissière eurent chacun la leur : Vandamme était à l'avant-garde ; Sorbier commandait l'artillerie.

Le mont Splügen était le 1er obstacle et le plus redoutable qui se présentait. De Turis où il commence à Cheaveuna, où on peut prendre quelques repos, on compte 14 lieues durant lesquelles il faut gravir des rocs à pic, franchir de nombreux torrens, et s'exposer sans cesse à être englouti dans des précipices, ou écrasés par des avalanches.

 Le général Varrières avec l'artillerie et trois compagnies de travailleurs partit le premier pour Tusis ; il y parvint le 24 novembre et ne put rendre le chemin praticable pour les voitures au-delà de ce bourg ; il fallut démonter tous les caissons et les charger sur des traîneaux auxquels on attela des bœufs. Le reste de l'armée suivit : le général Laboissière ouvrait la marche avec le 10e. de dragons que commandait le colonel Cavaignac, le 1er. régiment de hussards et le 12e. de chasseurs. Le 26 ils arrivèrent à Splügen ; mais le 27, ayant voulu continuer leur marche, une avalanche énorme engloutit 30 dragons qui étaient à la tête de la colonne : elle fut obligée de rétrograder ; et le général Laboissière, qui était presque seul en avant, ne trouva d'autre salut que de gravir, aidé de quelques paysans accoutumés à ces accidens, jusqu'à l'hospice où il attendit ses frères d'armes. Un ouragan s'éleva alors et continua pendant trois jours ; des monts de neige comblèrent les sentiers ; les guides déclarèrent ne pouvoir passer outre et cependant la colonne recevait l'ordre d'aller en avant. Les mêmes dragons, qui avaient vu disparaître leurs compagnons, le 27, réclamèrent l'honneur de marcher les premiers.

Macdonald arriva à Tusis et hâta le départ pour éviter l'encombrement : la 1re. colonne se mit en marche ; et pour frayer le sentier, quatre bœufs énormes fendaient les neiges, où à chaque moment on les voyait s'enfoncer presque tout-à-fait ; une cinquantaine de paysans déblayaient ensuite, et une compagnie de sapeurs, suivie de deux compagnies d'infanterie, achevaient d'applanir la route à un convoi d'artillerie, et à cent bêtes de somme qui suivaient.

Le général Macdonald et son état-major marchaient avec la 4e. colonne : elle était, le 4 décembre, à Splügen, et parvint le 6 à Chivenna. Voyons quels obstacles elle eut à surmonter ; c'est M. Philippe de Ségur, officier de l'armée des Grisons, qui nous a transmis les détails de ce passage merveilleux.

«..... On est parvenu à Tusis : on s'était à peine élevé jusqu'à ce bourg, et le général se trouvait au pied d'une seconde montagne qu'il a gravie après deux heures de marche ; à ses pieds est un précipice dont l'œil ne peut mesurer la profondeur. On voyait à peine la tête des énormes sapins qui, sans doute, prenaient racine au fond de cet abîme : un mugissement sourd et continuel en sortait : c'était le Rhin qui précipitait ses flots pressés par les rochers qui resserraient son lit. Une descente rapide rapproche du fleuve le général ; et bientôt, se levant de nouveau, le précipice se ferme sous ses pas.

» On est entré dans le Via-Mala, chemin étroit, taillé dans le roc, comblé par la neige, détruit par les torrens. Sur ce chemin de glace, nos soldats sont encore arrêtés par les pierres et les rochers qui se détachent et roulent sur le sentier.

» L'armée est descendue à Anders, elle est au niveau du Pichi : une nouvelle montagne plus horrible se présente encore ; elle est franche : l'armée atteint la montagne de Splügen.

» Le général lève les yeux : une masse énorme de neige est devant lui : ses regards cherchent en vain à en mesurer l'étendue ; il faut que le lendemain il en ait atteint et surpassé la cime. Il s'étonne ; mais ce chemin est le seul qui le conduit droit au but qu'il s'est proposé, et dès-lors l'impossibilité disparaît.

» Tous les élémens sont déchaînés ; le jour luit, et une tourmente affreuse ébranle les neiges attachées aux sommités des rochers, comble les précipices dont la surface égale désormais le sentier ; la neige tombe du ciel à gros flocons ; un vent impétueux arrache les arbres et les précipite.

» Les guides sont effrayés ; point de vivres : de quelque côté que le général tourne ses regards, la tempête ou la faim lui présente la mort... sa résolution est prise ; les soldats portent eux-mêmes les munitions ; le signal est donné : on avance.

» Chaque soldat, chargé d'une centaine de cartouches, monte à l'assaut ; les guides ont fui, et les sapeurs précèdent la colonne. Les généraux Pully, Sorbier, Duperreux suivent Macdonald qui, le premier, marche sans guide à travers un tourbillon de neige, sondant la glace à chaque pas, et ne sachant s'il pose le pied sur le sentier ou sur le gouffre.

» Il avançait péniblement, quand des sons plaintifs frappent son oreille. La femme d'un soldat, engourdie par le froid, mourante, abandonnée, dépérissait peu à peu et allait se perdre dans l'abîme ; chacun, occupé de ses propres dangers, était loin de songer à la secourir. Le général s'arrêta, la fit emporter par deux grenadiers, et les soins qu'il lui donna la rendirent à la vie.... Cependant, plus l'on avançait, plus la tempête redoublait de force ; et sur ce sommet, l'un des plus élevés de la terre, le vent n'étant plus arrêté par un obstacle, le froid devenait plus vif à chaque moment. Le soldat tombait gelé, et son compagnon qui voulait le secourir, avait lui-même perdu l'usage de ses mains.

» Souvent une planche étroite, peut-être trop faible, mise en travers sous ce gouffre, était la seule ressource à laquelle un reste d'espérance s'attachait : et sur cette planche devait passer toute l'armée.

» Le vent fouettait dans le visage la neige qui tombait du ciel... Le soldat ne pouvait voir celui qui le précédait, ni suivre la trace que la tourmente recouvrait à l'instant ; il était encore plus dangereux de reculer que d'avancer ; mais un seul homme découragé pouvait arrêter la colonne, et dans cet instant critique, les travailleurs épuisés refusèrent d'aller plus loin. Le général en chef saisit leurs outils ; il s'ouvre et fraye lui-même un passage ; les généraux, les officiers qui l'entourent suivent son exemple ; déjà, après avoir atteint l'hospice, il a traversé la plaine où il est situé ; déjà même l'on gagne le revers et l'on descend la rampe rapide du Cardinel qui tourne treize fois sur elle-même. Le courage et la persévérance l'emportent sur la nature irritée. La colonne atteint enfin Campo-Doleino ; elle a vaincu tous les élémens, et le souvenir de cette journée sera désormais immortel. »

Le 6, le quartier général était à Chiavenna. La division Morlot, restée à Coire, attendait des ordres pour se mettre en marche ; et le général Baraguey-d'Hilliers, posté dans la Valteline, inquiétait l'ennemi en poussant ses partis au delà de Bormio, et gardait les débouchés de l'Engadin.

Dès que le général autrichien Hiller connut

le mouvement de l'armée des Grisons, il se hâta de rappeler ses troupes du point où il s'était inutilement préparé à être attaqué, et de suivre la marche des Français; mais, le 3, ayant appris la perte de la bataille de Hohenlinden, il arrêta son mouvement et en attendit le résultat; dès qu'il connut les mouvemens de Lecourbe sur l'Inn vers Kuffstein, il dut abandonner le système de défense du Tirol par les hautes vallées, et il fit évacuer le Voralberg, le Val, Engadin et les vallées où l'Inn, l'Adda et l'Adige prennent leur source : mais il laissa Kaim, avec 8 à 10,000 hommes, dans la vallée de Nos, pour défendre le Tonal, poste important qui ferme la communication la plus courte et la plus facile de la vallée de l'Adda à celle de l'Oglio.

Le général Macdonald fit occuper les sommets de l'Albula, du Juliers-Berg et du Braglio : les généraux Morlot et Baraguey-d'Hilliers continuaient à masquer le mouvement du gros de l'armée en poussant leurs avant-postes, l'un par les Grisons, l'autre par la Valteline sur les flancs des montagnes dont Macdonald escaladait les cimes glacées. Dans la nuit du 8 au 9, le général autrichien Bachmann fit surprendre les avant-postes du général Morlot, qui avait négligé de s'assurer du Val-Davos. Huit compagnies, postées à Scampf et à Zütz, furent obligées de mettre bas les armes, après une vive résistance : la plupart de leurs officiers furent tués : en vain le général Devrigny chercha à réparer cet échec; les vainqueurs franchirent le glacier par lequel ils avaient pénétré, et rentrèrent avec leurs prisonniers dans leurs positions.

Aussitôt le général en chef porta sa réserve de Chiavenna dans le Haut-Engadin où le combat avait eu lieu, et ordonna au général Baraguey-d'Hilliers, qui occupait toujours la Valteline, d'ouvrir sa communication par le mont Bernina avec sa brigade de gauche dans le Haut-Engadin : il lui recommandait d'inquiéter l'ennemi, sans jamais en venir aux mains, parce qu'il pensait que la marche combinée de ses colonnes avec l'armée d'Italie et les progrès de l'armée du Rhin ne fissent évacuer, sans combattre, tout le Tirol occidental.

Par les instructions que Macdonald avait reçues, il se trouvait, dès qu'il aurait franchi le Mont-Splügen, dépendant de l'armée d'Italie; aussi reçut-il du général Brune l'ordre de faire occuper les débouchés du Tonal, d'où le général Rochambeau qui les avait gardés jusqu'alors, devait marcher pour suivre le mouvement de concentration qu'exécutait l'armée d'Italie.

L'armée des Grisons manquait de vivres, et ne s'en procurait qu'en accablant le pays de réquisitions; le général français était pressé de sortir de cette position et de continuer ses opérations. Le quartier-général fut transporté à Morbegno, sur la rive gauche de l'Adda, à l'entrée de la Valteline: ce mouvement fut masqué par les manœuvres du corps de Baraguay-d'Hilliers, qui se préparait à pénétrer dans le Tyrol. Le général Vandamme de son côté, reçut l'ordre de se rendre dans le val de Camonica, qui aboutit au Mont-Tonal, par la passe d'Apriga. Cette passe est la seule communication praticable en hiver, de la vallée de l'Oglio à celle de l'Adda, et c'est cependant une des plus difficiles des Hautes-Alpes: moins longue que celle du Splügen, puisque sept heures suffisent pour la franchir; elle est cependant beaucoup plus pénible. Vendamme la passa néanmoins avec beaucoup de courage, et n'y perdit que quelques chevaux; il fut bientôt suivi par le général Pully, et par les réserves de cavalerie et d'infanterie: le but de cette opération était l'attaque du Tonal. Mais le général Macdonald, ayant conçu le projet de tourner la droite de l'armée autrichienne, de la forcer de quitter l'Adige, en lui ôtant ses communications, il proposa au général Brune de mettre à sa disposition deux divisions de l'armée d'Italie, et suspendit l'attaque du Tonal.

Le général Brune n'ayant pas voulu détacher les deux divisions de son aile gauche, et s'étant borné à faire filer deux mille hommes pour se lier à l'armée des Grisons, par la vallée de Camonica, le général Macdonald n'en persista pas moins dans le plan qu'il avait conçu, et résolut de l'exécuter avec le peu de force qu'il avait, et précipita sa marche vers la vallée de l'Adige, afin de tomber par la vallée de la Brenta, sur les derrières de M. de Bellegarde, s'il était encore sur le Mincio, et pour l'attaquer sur sa droite s'il avait rétrogradé.

D'abord, pour s'assurer de l'importance que l'ennemi mettait à la défense du Tonal (car il avait renoncé à l'espoir de le forcer dans la nuit du 21 au 22 décembre), du nombre de troupes qui le défendaient, il le fit attaquer par Vandamme. Le général Devaux conduisit cet assaut. Pour arriver aux retranchemens, il fallut franchir un à un, un sentier de glace entrecoupé de rochers. Les braves grenadiers de la 10e de ligne et des chasseurs de la 1ere et de la 17e légère, conduites par les chefs de bataillon Seron et l'Evêque, gravirent le glacier en silence, et malgré le feu de l'artillerie, de mousqueterie, s'avancèrent sans tirer un seul coup, avec une audace étonnante. Une première coupure fut enlevée à la baïonnette ; mais arrivé aux palissades d'un deuxième retranchement, les efforts furent inutiles pour les arracher: la terre profondément gelée, avait la dureté de la pierre. Le chef de bataillon Seron, tomba blessé, entouré des plus braves des siens. Le général Devaux, qui avait rempli son but, ordonna alors la retraite : il estima la force ennemie à environ 5,000 hommes.

Le général en chef continuait cependant son mouvement sur l'Adige ; craignant d'être pénétré et que l'ennemi n'accourût lui couper le chemin qu'il s'ouvrait vers le Treutin, il ordonna, pour faire croire aux Autrichiens qu'il se concentrait dans le val de Camonica, et qu'il se préparait à passer dans le val di Sola, une seconde attaque sur le Tonal.

Le 31 décembre le général Vandamme fit attaquer en plein jour. Deux redoutes, qui défendaient les retranchemens, furent enlevées en un instant ; et le régiment de Kray, qui les occupait, y perdit 200 hommes, et put à peine regagner ces retranchemens.

Cette attaque fut infructueuse comme celle du 22 ; mais elle couvrit de gloire les braves qui avaient osé l'entreprendre, et détourna l'ennemi du but réel que se proposait le général en chef.

Dans les premiers jours de janvier 1801, les Autrichiens évacuèrent ce poste important ; ils y furent déterminés par les progrès du général Moreau entre l'Inn et la Salza, et plus encore par la marche de la division Baraguay-d'Hilliers, qui pénétrait par Nauders dans le Bas-Engaden : cette division battit le colonel Salis et un corps suisse aux retranchemens de Zernetz, et elle écrasa l'arrière-garde du général Auffenberg, à Casa-Nova, à Schielz et à Martins-Brück, et chassa devant elle les corps que le général Bellegarde rappelait à lui pour le joindre à Vicence.

De son côté le général Magdonald, après avoir réuni environ 9 à 10,000 hommes, et rallié à son corps la légion italique, que Brune lui avait détachée, cherchait à sortir de la vallée de Camonica, et à pénétrer dans celle de Sarca, dans le but de gagner quelques marches, et de précéder l'ennemi sur Trente ; mais sa tentative ayant été vaine, aucun passage n'ayant été praticable au milieu des glaces qui séparent les deux vallées, il continua à le longer jusqu'à Pisogui, cotoya le lac d'Iser, qu'il quitta à Brescia, remonta la vallée de la Chière, et arriva le 6 janvier à Storo ; il poussait devant lui une forte arrière-garde autrichienne commandée par le général Davidowich, lequel cherchait à retarder notre marche en défendant tous les postes tenables, afin de donner le temps aux généraux Wuckassowich et Stejanich, le temps de se retirer sur Trente et sur la Brenta. Le général Baraguey-d'Hilliers continuait sa marche par Glaucus sur Mérau.

Ici les opérations de l'armée des Grisons se lient intimément aux mouvemens des corps de Rochambeau et de Moncey, qui faisaient partie de l'aile gauche de l'armée d'Italie : nous retracerons en conséquence les manœuvres qui terminèrent cette campagne du général Magdonald, quand nous consignerons les hauts faits de l'armée qui obéissait au général Brune. Reprenons le fil des opérations de l'armée gallo-batave ; nous terminerons ensuite la campagne de Moreau, puis nous finirons par l'armée d'Italie, dont les opérations avaient besoin d'être rapportées sans interruption, afin de pouvoir en suivre la marche sans confusion.

Armée Gallo-Batave.

Nous avons laissé le général Augereau, vainqueur à Bourg-Eberach, le même jour ou Moreau illustrait les plaines de Hohenlinden (3 décembre), s'établir sur la Rednitz, s'emparer de Bamberg, et pousser des partis sur Nuremberg. Bientôt il fut maître de cette ville, et songea alors à établir des communications avec une division laissée sur la rive gauche du Danube, par le général Ste.-Suzanne. A cet effet, le général Bardou poussa quelques reconnaissances sur Roth et envoya un parti vers Ingolstat; ce parti fut enlevé.

Tous les jours sa position changeaient de face; les succès de Moreau rendaient sa position critique, car plus l'armée du Rhin avançait, plus la droite de l'armée gallo-batave était exposée.

En outre, Augereau, qui comptait 15,000 hommes en se mettant en campagne, ne pouvait plus disposer que de 10,000, depuis qu'il avait été obligé d'assiéger le château de Nuremberg, et d'occuper les postes d'Aschaffembourg, Schweinfurt, etc.; et avec ces 10,000 hommes il était obligé de garder une ligne de 12 lieues de Nuremberg à Bamberg : réserver sa gauche et quitter la ligne de neutralité, eût été une imprudence en cas qu'il fût forcé à la retraite; se concentrer dans une forte position, l'exposait à être coupé et à manquer de vivres; il se borna donc à observer, passa la Rednitz, occupa les points les plus forts de la rive droite, entretint l'ennemi dans la persuasion qu'il avait des forces majeures, en multipliant ses mouvemens et ses attaques, qu'il eut soin de faire conduire avec prudence pour ne pas entraîner d'affaire importante, et attendit que les Autrichiens prissent un parti décisif. Bamberg fut gardé par 400 hommes; son centre s'établit entre Forcheim et Nuremberg, et il plaça son quartier général à Herzogenaurach.

L'archiduc Charles ayant envoyé des nouveaux ordres au général Klenau, il se concerta avec le général Simbschon et le prince de Birkaufeld, commandant des Bavarois, pour leur exécution. Klenau, avec 10,000 hommes, se chargea d'attaquer la droite d'Augereau ; Simbschon promit de battre la gauche avec 12,000 ; et le résultat de cette double attaque devait être de couper la ligne française, d'envelopper l'aile gauche, et de rejeter le reste dans la Rednitz.

Le général Augereau, ayant aperçu les mouvemens des corps autrichiens, et prévenu de leur réunion, se prépara à repousser leurs attaques. Il fit convertir le siége de Marienberg en blocus, diminua les garnisons des postes qu'il occupait sur ses derrières, et renforça sa ligne. Il réunit environ 13,000 hommes, l'ennemi en avait plus de 22,000.

A peine avait-il fait ces dispositions, et il était encore à Wurtzbourg, qu'il entendit, sur la direction d'Altorf vers sa droite, et sur celle de Neukirchen à sa gauche, une forte canonnade : c'était le commencement des deux combats qui prirent le nom de *bataille de Nuremberg*. Nous étions au 18 septembre. Rentré à son quartier général, il apprit que les généraux Barbou et Duhesme étaient fortement engagés.

Le général Bardou occupait Nuremberg : informé de la marche du corps de Klenau, il envoya le général de brigade Wattier, avec trois bataillons d'infanterie légère et quelques escadrons, pour le reconnaître. Arrivé à l'embranchement des routes de Neumarkt et d'Altorf, le général Wattier détacha un bataillon et 50 dragons sur Neumarkt, et continua d'avancer sur Altorf. Arrivé à Fischbach, il rencontra l'avant-garde autrichienne, commandé par le comte Barasky, colonel de hulans. Les Français attaquèrent, avec la rapidité de l'éclair, un bataillon de chasseurs anglais qui ne put résister ; mais, à leur tour, ils furent vigoureusement chargés par les hulans du comte Barasky, qui espérait envelopper le général Wattier. Celui-ci avait eu la précaution de jeter sur sa gauche quelques tirailleurs abrittés par une haie, et protégés par un large fossé : leur feu incommoda beaucoup les hulans dans leur attaque ; alors, saisissant un moment d'hésitation, le général Wattier se mit à la tête de ses dragons, tomba sur les hulans qui se retirèrent en désordre : obligés de passer sous le feu de l'infanterie, ils perdirent beaucoup de monde ; et le comte Barasky resta parmi les morts.

Pendant ce succès, le bataillon qui avait suivi la route de Neumarkt, avait rencontré l'ennemi en force, et était vigoureusement refoulé sur Nuremberg. Le général Wattier, averti de ce mouvement, songea à regagner l'embranchement des routes de Neumarkt et d'Altorf, pour ne pas avoir sa retraite coupée ; mais son infanterie, qui s'était trop vivement abandonnée à la poursuite de l'avant-garde qu'il venait de culbuter, ne put être ralliée qu'à trois heures, et l'ennemi occupait déjà la jonction des deux routes.

Le général Klenau poussait rapidement la marche de ses colonnes, pour déboucher sans obstacles dans la plaine de Nuremberg, et le général Wattier se trouvait entre deux feux. Alors le général Bardou sortit de Nuremberg avec deux brigades : l'une contint la tête de la colonne qui était venue par Neumarkt, tandis que l'autre l'attaqua sur son flanc droit du côté où elle barrait la retraite du général Wattier : celui-ci, se précipitant dans cette direction, s'ouvrit un passage le sabre à la main, et se réunit à la brigade que son général envoyait pour le dégager : il ne perdit que 40 hommes dans cette audacieuse trouée. Toute la division française alors réunie prit une forte position, et le général Klenau arrêta sa marche.

A l'aile droite, le général Duhesme ne soutenait pas avec moins de bravoure et de talent les attaques du général Simbschon. Celui-ci avait fait replier nos avant-postes qui n'avaient pas cru devoir occuper Eschenau, quoique ce fût un poste important dans la position où nous étions, parce que ce pays était sous la domination prusienne; ils se retirèrent donc à Neukirchen, où le général Duhesme prit position avec la cavalerie Treillard et sa réserve d'infanterie : il s'y maintint après avoir repoussé une attaque très-vive, et fait perdre beaucoup de monde à l'ennemi. Sur le bord de la Ségnits, un autre engagement n'eut aucun résultat; mais à Graffemberg que le général Dufour défendit avec une opiniâtreté sans exemple, l'ennemi fit des pertes énormes : il y porta des forces majeures, et le général Dufour l'évacua dans la nuit.

Le général Augereau vit bientôt que, malgré leur supériorité de forces, les généraux ennemis avaient manqué leur but ; mais il renonça à avoir une ligne si étendue au delà de la Regnitz, et se concentra sur la rive droite. Par suite de cette résolution, la division Bardou évacua Nuremberg, et n'y laissa que des avant-gardes; Duhesme rassembla toutes ses brigades sur Neukirchen ; et le quartier général resta à Herzogen-Aurach, ainsi que les réserves.

Le 19 et le 20 se passèrent en escarmouches; mais le 21, Simbschon, renforcé de quelques brigades, attaqua le général Duhesme. Une colonne de gauche tourna Neukirchen, celle de droite se jeta entre les divisions françaises, et le centre aborda de front. Le combat fut chaud, le village fut pris et repris plusieurs fois à la baïonnette, et enfin Duhesme, déposté, se retira sur Forcheim, protégé dans ce mouvement par une charge brillante du général Treillard.

Le général Bardou, qui n'avait pas été attaqué, évacua Nuremberg le 22, et opéra sa retraite avec difficulté, parce que les Autrichiens, ne respectant pas la ligne de la neutralité prussienne, occupèrent Furth, que nous n'avions pas voulu prendre, et coupèrent le général Wattier, qui ne parvint à échapper qu'en livrant un combat semblable à celui qui le sauva à la bataille de Nuremberg. Les jours suivans se passèrent en légères escarmouches, qui n'empêchèrent pas le général français de s'affermir dans les positions qu'il occupait.

Le 26 décembre, le général Klenau fut obligé, par les progrès du général Sainte-Suzanne et par l'occupation de Ratisbonne, de se rapprocher du Danube; l'armée gallo-batave rentra alors dans les positions qu'elle occupait avant la bataille de Nuremberg. Elle y resta en observation jusqu'à la nouvelle de l'armistice de Steyer, et termina ainsi la campagne. Une convention supplémentaire régla la ligne des cantonnemens, qui passa par Nuremberg, Forcheim, Bamberg, Lichtinels, et se lia ainsi à la ligne de neutralité.

Maintenant que nous avons vu avec quel talent Augereau marcha au but qu'il devait atteindre, quelle fut la bravoure des troupes qu'il commandait, nous allons passer aux dernières opérations de l'armée du Rhin, qui porta les coups décisifs.

Armée du Rhin.

Nous avons cessé de nous occuper de l'armée du Rhin au moment où, maîtresse de l'Inn, elle poursuivait les impériaux, qui espéraient de se rallier derrière la Salza, et y réparer la double faute d'avoir franchi l'Inn avant Hohenlinden, et de n'avoir pas, depuis, conservé leur ligne de défense sur cette rivière, en s'appuyant aux montagnes du Tyrol.

Le général Lecourbe, après avoir forcé l'Inn, reçut l'ordre de marcher sur Salzburg; il rencontra l'ennemi à Seebruck, et enleva ce poste après un combat très-vif : pendant quelques heures, arrêté sur les bords de l'Alza, il découvrit bientôt un gué, y fit passer son artillerie et sa cavalerie, et tout ce qui put passer de fantassins, soit en croupe, soit sur les caissons. Le 11, il continua sa marche toujours aux prises avec la cavalerie ennemie, et prit position à Traünstein. Le 12, il s'engagea dans les défilés de Teisendorf, et arriva à la vue de Salzburgoffen ; excellente position, à deux lieues en avant de Salzburg, située au confluent de la Saal et de la Salza, et à la jonction des routes de Waserbourg et de Muhldorf à Salzburg. Il y trouva réunis environ 15,000 hommes des réserves de l'armée autrichienne, la majeure partie composée de cavalerie. Le général Gudin marcha par la droite, et balaya la rive de la Saal, tandis que la division Montrichard suivit à gauche la route de Lauffen : un instant il fut débordé; mais la 109e. arrêta l'ennemi par sa contenance, et une charge des 8e. et 9e. de hussards acheva de dégager le général Montrichard, et jeta la droite des Impériaux, en désordre, sur la Salza; le général Gudin ayant alors pénétré à travers les bois jusqu'au village de Salzburgoffen, tout ce qui s'y trouva posa les armes : cette journée nous donna 600 prisonniers et 5 pièces de canon.

Le général Moreau ne voulait pas, cependant, donner le temps à l'Archiduc de s'établir derrière la Salza : informé que ce prince réunissait ses forces aux environs de Salzburg, il conçut le projet de passer la Salza de vive force près de Lauffen, et de marcher sur Neumarkt. Le général Decaen alla reconnaître le point favorable, où ce passage pourrait être tenté avec avantage : il trouva Lauffen évacué, et y entra le 13 ; quatre arches du pont avaient été coupées, et une forte division autrichienne et 6 pièces de canon occupaient la rive droite. Toutes les divisions de l'armée vinrent successivement se poster sur la rive gauche : le général Lecourbe se rapprochait alors en passant la Saale, et les derrières de l'armée étaient gardés par le général Molitor, qui était chargé d'observer et de contenir le général Hiller dans le Tyrol.

Un hasard singulier, et un trait de courage de trois chasseurs de la 14e. légère (François Nauders, Etienne Bardou et Philippe Najac), facilitèrent le passage de la Salza. Le général Decaen, à peine arrivé à Lauffen, détacha le général Durat, qui remonta la rivière pour trouver un gué. A quelques portées de fusil de la ville, ces chasseurs de la 14e. aperçoivent une barque amarée à la rive droite, se jettent à la nage, et, malgré la rapidité du courant, après d'imminens dangers, ils conduisent cette barque à la rive gauche. Le général Decaen attire alors l'attention de l'ennemi, en simulant une attaque contre les troupes qui défendaient le pont de Lauffen; fait jeter, au moyen de cette barque, 400 hommes sur la rive droite. Cette opération réussit à souhait; le jeune Decaen, frère du général, et le colonel Plausane conduisirent ce détachement, qui eut facilement dispersé les troupes occupées à riposter à la fausse attaque du général Decaen. Bientôt un pont volant fut établi pour l'artillerie, le pont coupé se trouva rétabli; et le 14, toutes les troupes des généraux Decaen, Richepanse et Grenier étaient sur la rive droite.

Tandis que le centre et l'aile gauche passaient la Salza, le général Lecourbe couvrait le mouvement; mais le 14, voyant les Impériaux replier leurs avant-postes, il manœuvra sur leur flanc gauche pour hâter leur retraite, déploya son artillerie et sa cavalerie dans la plaine de Vaal, et se prépara à forcer la Salza, afin d'entrer le premier dans Salzburg. Mais un brouillard épais lui ayant dérobé les manœuvres de l'ennemi, il se vit arrêté tout à coup par le feu bien nourri d'une batterie de 6 bouches à feu : sur-le-champ il y opposa un feu supérieur, qui fut bientôt couvert par celui de 30 pièces d'artillerie, et le brouillard se dissipant, le général Lecourbe se trouva en présence d'une nombreuse cavalerie, de 10,000 hommes d'infanterie et de 40 pièces de canon, placées avantageusement. Au premier choc, deux de nos régimens furent rompus; mais soutenus par une brigade de dragons, ils se rallièrent, repoussèrent les assaillans et firent quelques prisonniers; pendant cette charge, les divisions que le général Lecourbe avait dirigées sur la gauche et sur la droite, étaient fortement arrêtées.

Renonçant alors à forcer l'ennemi pour enlever Salzburg, il se borna à tenir en échec l'archiduc, qui commandait en personne, tandis que Moreau opérait son mouvement. Il rappela ses ailes, fit replier sa cavalerie, et, avec son infanterie et son artillerie, combattit opiniâtrement au village de Vaal : sur notre droite nous fûmes obligés de repasser la Saala, 2,000 des nôtres restèrent sur le champ de bataille.

Cependant le général Moreau, instruit de ce combat, hâtait la marche du général Decaen sur Salzburg : pendant la nuit, l'armée impériale, dont cette manœuvre menaçait la retraite sur la route de Neumarkt, fit sa retraite pendant la nuit ; et le 15 au matin, le général Decaen entra dans Salzburg : le général Lecourbe y arriva quelques instans après lui, par la rive gauche de la Salza.

L'issue de la campagne, et le sort de l'Autriche étaient décidés; Moreau le sentit, et s'appliqua à en recueillir promptement les résultats: il confia son avant-garde au général Richepanse, dont l'intrépidité et l'activité étaient sans égales, et lui recommanda de ne pas laisser le moindre repos à l'armée fugitive; le général Sainte-Suzanne resta en Bavière pour observer les mouvemens du corps de Klenau, et se lier avec l'armée gallo-batave, s'il était possible; les débouchés du Tyrol furent gardés par de petits corps, confiés à des généraux expérimentés, et le gros de l'armée se porta en avant avec rapidité.

Le jour même de la prise de Salzburg, le général Richepanse fit douze lieues à travers des bois, des montagnes, des marais, et vint camper à portée de fusil de l'armée impériale, qui se retirait sur Lintz, tandis que le corps de Condé se dirigeait sur la Styrie.

Le 16, Richepanse attaqua; la résistance fut vive; mais une charge impétueuse de la brigade Drouet décida l'affaire, et l'ennemi perdit sa position: 1,000 hommes et quelques canons restèrent entre nos mains. Pendant ce combat, le centre, conduit par Grouchy, marchait au soutien de l'avant-garde; Lecourbe cherchait à déborder le flanc gauche de l'ennemi, et le général Grenier, avec l'aile gauche, marchait pour former le blocus de Braunau.

Les Autrichiens, que la fortune trahissait, redoublaient cependant d'effort pour arrêter nos progrès : pas de hauteurs, pas de village, pas de bois qui ne fussent défendus avec le courage du désespoir, attaqués avec la témérité de soldats habitués à vaincre.

Le 17 décembre, combat de Franken-Markt, où le général Richepanse n'obtint l'avantage, qu'après une lutte qui se prolongea dans la nuit.

Le 18, combat de Schwanstadt : la 48ᵉ. demi-brigade et le 5ᵉ. de hussards s'y couvrirent de gloire : les chefs de brigade Sarret et Marigny y montrèrent la plus grande audace. Ce fut le dernier combat marquant de la campagne.

Le 19, le général Keinmayer, commandant de l'arrière-garde ennemie, fut surpris à Lambach ; le prince Licheinstein et le général Meceri y furent faits prisonniers avec 1,200 hommes. L'infanterie française passa, pêle-mêle avec les Autrichiens, le pont sur la Traün, prit position sur la rive droite, et arrêta l'incendie qui consumait le pont.

Le 20, toute l'armée française avait passé le Traün, soit à Lambach, à Wels, ou à Ebersberg : le général Grenier occupa Lintz.

Cependant, la consternation et le désordre régnaient à Vienne ; on y prenait des mesures de défense ; mais c'était en tremblant qu'on soit obligé de s'en servir : la 1ʳᵉ. division de l'insurrection hongroise partit pour aller soutenir l'armée, et l'Empereur déclara qu'il défendrait lui-même sa capitale.

L'archiduc Charles, cependant, préparait une diversion par la Bohême : les milices de Bohême, les corps de Klenau, Sembschon, d'Abini et les landwerh du Palatinat devaient former une nouvelle armée, culbuter l'armée gallo-batave, pénétrer en Bavière, et concerter leurs mouvemens avec Hiller, qui était en Tyrol. Mais, arrivé à l'armée impériale, le 17, il reconnut bientôt que cette opération serait inutile, et ne vit de salut que dans la paix. Cependant, il s'occupa de rallier tous les débris des corps derrière l'Enns, hâta l'arrivée de tous les renforts disponibles, et se flatta de pouvoir encore livrer bataille devant Vienne, tandis que la levée en masse de Bohême marcherait sur Lintz.

Moreau pressentit ce projet, et reconnut, à la nouvelle direction que reçut l'armée impériale, qu'une main savante en dirigeait tardivement les manœuvres. Il redoubla d'activité, et battit plusieurs corps isolés à Forchdorf, à Potembach et à Ried. A Kremsmunster, il atteignit l'arrière-garde et les réserves dont le prince de Schwartzenberg venait de prendre le commandement. Lecourbe attaqua, fit 1,200 prisonniers, et resta maître de la ville basse. Moreau établit son quartier-général à Wels; le prince Charles avait le sien à Ausletten.

Le 21, le général Richepanse marcha sur Steyer : il rencontra M. le comte de Meerfuld qui venait, au nom de l'archiduc, traiter d'une suspension d'arme avec le général en chef de l'armée française. Moreau accorda une suspension d'arme de quarante-huit heures, temps nécessaire pour faire savoir à l'Empereur qu'il ne conclurait d'armistice que dans le cas où Sa Majesté impériale déclarerait vouloir traiter de la paix sans le concours de l'Angleterre, et où l'Archiduc consentirait à l'évacuation du Tyrol, par les troupes autrichiennes. Il continua, néanmoins, son mouvement vers Vienne, ramassa beaucoup de prisonniers, s'empara de nombreux bagages et magasins; passa l'Enns à Steyer et à Enns, et se disposait à transférer son quartier-général à Steyer, lorsque le général Grünne se présenta avec les pleins pouvoirs pour traiter d'un armistice, sur les bases que Moreau avait posées. Le 25 décembre, il fut signé à Steyer, entre le général Grünne pour l'Autriche, et le général Lahorie pour la République française. Le Tyrol fut évacué; Braunau, Kusstein, Scharnetz, Mariemberg nous furent cédés comme places de sûreté. La ligne de démarcation portait nos avant-postes à deux marches de Vienne, et en cas de la reprise des hostilités, l'armée du Rhin pouvait établir, en quelques marches, ses communications avec l'armée d'Italie: il fut convenu que des officiers seraient envoyés aux chefs des armées d'Italie, des Grisons et Gallo-Batave, pour leur faire connaître la suspension des hostilités, et les inviter à conclure aussi des armistices.

Ainsi se termina cette célèbre campagne de Hohenlinden, qui, en moins d'un mois, détruisit une des plus formidables armées de la maison d'Autriche, et conduisit les Français sous les murs de Vienne: la paix de Lunéville en fut le résultat.

Passons maintenant en Italie, et suivons pas à pas la marche de cette armée, qui ne suspendit ses opérations que plus de vingt jours après la signature de la convention de Steyer.

Armée d'Italie.

Déjà Moreau avait vaincu à Hohenluden, franchi l'Inn et la Salza, et pris Salzburg, que les armées d'Italie n'avaient pas encore tiré un coup de fusil: le 15 décembre, aucun mouvement n'avait encore annoncé la reprise des hostilités dans cette partie du théâtre de la guerre.

Brune attendait que l'armée des grisons fût en mesure de couvrir son flanc gauche, et il ne voulait rien entreprendre que les Napolitains, les insurgés de Toscane, le général Sommariva et la garnison de Mantoue n'ayent commencé leurs opérations, afin de savoir quelles mesures il aurait à prendre pour assurer son aile droite. Son armée était forte et belle, et les généraux qui la commandaient étaient un gage du succès: c'étaient Delmas à l'avant-garde; Suchet, Loison, Gazan....., au centre; Dupont, Watrin, Monnier....., à l'aile droite; Moncey, Rochambeau, Boudet....., à l'aile gauche. Le général Miollis, avec quelques bataillons, avait la mission difficile de maintenir la Toscane, et de faire tête aux Napolitains. Le général Davoust commandait en chef la cavalerie, Michaud la réserve, Marmont l'artillerie, et Oudinot était à l'état-major.

De son côté, le général Bellegarde, qui occupait la forte ligne du Mincio, du lac Garda au Pô, et dont les troupes tenaient les meilleures positions en avant de cette ligne, avait reçu l'ordre de ne pas agir avant la coopération des Napolitains et des insurgés, et d'attendre que les généraux Landon et Wukassowich, en entrant dans le Bergamasque et le Trentin, aient débordé la gauche des Français. En attendant l'ensemble de ces opérations, il hérissait sa ligne d'artillerie et de retranchemens, tandis que le prince de Hohenzollern, avec une forte avant-garde, s'appliquait à en rendre les approches difficiles. Déjà la garnison de Mantoue et le marquis de Sommariva attaquaient notre extrême droite, et réunis au confluent de l'Oglio et du Pô, se préparaient à forcer le passage; le général Bellegarde commença alors ses opérations, et portant ses forces sur sa gauche, nous fit attaquer vers Lonato : c'était le 17.

Le général Brune se décida sur-le-champ à se porter en avant : il fit reconnaître la position des Autrichiens, et profita de l'ardeur des troupes pour attaquer l'avant-garde ennemie, forte d'environ 20,000 hommes, et réunie à Goïto, la Volta, Mouzambano et Ponti.

Le lieutenant-général Delmas commença l'attaque le 21, à la pointe du jour; les Autrichiens furent obligés d'abandonner la rive méridionale du lac Garda, furent poussés jusque sous les glacis de Peschiera, et les brigades Delmas se réunirent sur Ponti. Nous rencontrâmes plus de difficultés à l'attaque dirigée sur Mouzambano; le prince de Hohenzollern s'étant rapidement porté en avant, il fallut le déposter successivement de Castellaro et de Cavriana, avant d'arriver à Mouzambano ; il ne fit que le soir, très-tard, sa retraite sur Borgettho : il perdit 1,200 hommes dans ces attaques, et notre perte fut aussi très-considérable. Suchet ne fut maître de la Volta, position bien fortifiée, et défendue par 10,000 hommes, qu'après un combat très-vif, décidé par une charge du général Campans. L'aile droite chassa le général d'Aspre, de Goïto, et le força à repasser le Mincio. Tel fut le résultat de cette journée, où le succès couronna toutes nos entreprises, et où nous nous rendîmes maîtres d'une des rives du Mincio.

Les dispositions furent aussitôt prises pour forcer le passage de cette rivière : on choisit Mouzambano, comme le point le plus favorable, soit pour l'exécution des dispositions ultérieures, soit pour la facilité de jeter des ponts à l'abri de nos batteries : le 25 fut le jour fixé pour cette opération ; les divisions du centre et de l'aile gauche marchèrent sur Mouzambano, en dérobant leurs mouvemens à l'ennemi; le général Dupont, avec l'aile droite, se porta en avant de la Volta, pour faire une fausse attaque et jeter un pont à Molina-della-Volta, en face de Pozzolo, tandis que l'attaque véritable se ferait sur Mouzambano.

La difficulté des transports de l'artillerie et des pontons, le mauvais état des chemins ne permirent pas aux divisions de se trouver réunies à l'heure indiquée pour le passage à Mouzambano : le général en chef le remit au lendemain, et jugea ne devoir pas donner au général Dupont contre-ordre pour l'attaque devant Pozzolo, pensant que cette attaque, faite avec vigueur, ferait une plus importante diversion la veille, que si elle était exécutée le jour du passage.

Le général Dupont, dont le but était non-seulement d'attirer l'attention de l'ennemi, mais de s'établir entre Pozzolo et le Mincio, et d'y attendre le résultat du passage tenté à Mouzambano. exécuta son attaque le 25, à la pointe du jour. Protégés par un feu d'artillerie et de mousqueterie bien nourri, de nombreux tirailleurs, guidés par le colonel Macou, se jettent dans des barques légères, et parviennent à la rive gauche; et bientôt un pont est établi malgré l'artillerie ennemie et 1,200 Autrichiens, qui multiplient leurs efforts pour jeter les tirailleurs dans le Mincio et ralentir les travaux. Le pont est à peine terminé, qu'une demi-brigade traverse le fleuve; le général Monnier, qui la conduit, rejette les Autrichiens dans Pozzolo. Bientôt la division Watrin fila, et le général Dupont attendait avec impatience la division Monnier, lorsqu'il reçut l'ordre de n'engager aucune action importante, et de se borner à protéger le pont qu'il avait jeté. Il n'était plus temps; l'ennemi, averti de son mouvement, envoyait de nombreux renforts : à mesure que nos brigades se mettaient en bataille sur la rive gauche, elles étaient engagées; il fallait absolument livrer bataille, ou sacrifier ce qui avait franchi le Mincio, et voir détruire le pont. Le général Bellegarde crut que l'armée française allait essayer de forcer la ligne du Mincio sur ce seul point; il se porta donc sur Pozzolo, avec 45 bataillons et 12 régimens de cavalerie, conduits par les généraux Kaim et Vogelsang.

Le général Suchet, averti de la position critique du général Dupont, courut arrêter une attaque tentée sur Borghetto, par le général Loison, se rendit à Molina-della-Volta ; jugea de l'impossibilité d'exécuter les ordres du général Brune, s'engagea à soutenir l'aile droite, dont la position devenait de moment en moment plus embarrassante, et envoya au quartier-général demander des ordres, et exposer l'état des choses. Le général Dupont faisait observer à Brune que ce n'était plus une diversion dont il s'agissait ; mais que s'il était soutenu, restant maître de Pozzolo, dont il venait de s'emparer, l'armée entière pouvait passer le Mincio, et livrer avec avantage une bataille décisive au général Bellegarde.

Cependant, les Autrichiens se portaient en masses énormes sur Pozzolo ; la division Watrin se disposa sur une digue, appuyée aux moulins de la Volta et à Pozzolo ; le général Monnier, qui enfin arriva, occupa Pozzolo, le général Suchet rappela sa division, qui se plaça de façon à soutenir la retraite s'il était nécessaire. Le combat était des plus vifs ; les Autrichiens, sans cesse soutenus par des troupes fraîches, redoublaient leurs attaques et dépeuplaient nos rangs, que nos braves soldats resserraient à l'instant, avec un courage, une constance héroïques. Le général Suchet fit d'abord passer une brigade de la division Gazan, puis la division toute entière pour soutenir le général Monnier, qui était prêt à céder dans Pozzolo.

La constance et la fermeté avec lesquelles ces trois divisions soutenaient cette rude attaque, la forte artillerie que nous déployâmes ne laissèrent pas un instant le comte de Bellegarde dans le doute que toute l'armée française ne fût en présence ; mais voulant profiter de l'avantage du nombre, avant que toutes nos divisions ayent passé le pont, il dirigea une charge de cavalerie entre Pozzolo et la digue, et fit attaquer le général Watrin par des troupes fraîches, afin de nous rompre et de nous chasser. Cette double attaque, qui eût dû nous écraser, fut repoussée avec une inébranlable fermeté ; et les Autrichiens, exposés au feu des réserves de Suchet, qui tiraient de la rive droite et les prenaient à revers, se retirèrent en désordre.

Une nouvelle attaque fut dirigée sur Pozzolo ; elle réussit, et nous fûmes chassés : déjà même une colonne autrichienne s'approchait du pont. Les divisions Monnier et Gazan, bientôt ralliées par Dupont, renouvellent le combat ; une charge générale a lieu sur toute la ligne : le courage des soldats l'emporte sur le nombre ; les Autrichiens sont chassés, et laissent 1,000 hommes, un drapeau et 5 canons entre nos mains : Gazan reprit le village à la baïonnette. Le général autrichien sentit que la victoire lui échappait s'il ne ressaisissait Pozzolo : sans nous laisser le temps de nous y affermir, il rallia ses troupes, appela ses réservos et renouvela l'attaque. En vain nous résistons, il faut céder à cette impétueuse attaque : et les Impériaux plantent encore une fois leurs aigles sur les ruines fumantes de ce malheureux village.

Le général Dupont n'avait plus de réserve, et toutes ses brigades étaient rompues, disséminées et presque découragées : en vain il cherchait à les rallier, le désordre allait en croissant, le danger était imminent ; le général Suchet lui envoya le général Colli et deux brigades, derrière lesquelles les troupes purent se rallier. Au même instant le général Davoust, qui venait de se réunir aux réserves de Suchet, envoya le général Rivaud et deux régimens de dragons sur le champ de bataille ; bientôt il s'y transporta lui-même avec un fort détachement. Toutes ces forces réunies, et les divisions Monnier et Gazan, ralliées, marchèrent à une troisième attaque ; le général Colli la dirigea. Tout céda à nos efforts au premier choc ; mais une colonne de deux mille grenadiers hongrois nous arrête tout à coup. Le général Davoust s'en aperçoit, les charge à la tête de ses dragons, les entame et les disperse : dès ce moment la victoire nous couronne, et l'Autrichien fuit de toutes parts. Le soldat, animé par une lutte aussi terrible, s'abandonne, avec fureur, à la poursuite du vaincu, que rien ne peut arracher à sa rage. Cependant les généraux arrêtent cet essor, et reforment leur ligne : il était temps ; car un renfort, composé de grenadiers autrichiens qui n'avaient pas encore donné, essayèrent, à la faveur de l'obscurité, de nous enlever, par un coup de main, le fruit de notre victoire ; mais reçus, à vingt-cinq pas de la digue, par la division Watrin, ils sont forcés de se retirer en désordre. A huit heures du soir, soutenus encore par de nouveaux renforts, ils tentent sur Pozzolo un dernier effort : ils échouèrent encore une fois ; et à neuf heures le feu cessa entièrement.

Cette victoire nous coûta cher : 1,200 des nôtres gisaient sur le champ de bataille, entourés de 4,000 ennemis : le général autrichien Kaim était grièvement blessé ; nous avions fait 2,000 prisonniers, et pris 9 pièces de canon.

On admira l'opiniâtre résistance des généraux Watrin, Monnier et Gazan, et le courage héroïque de Davoust, Colli et Rivaud ; on cita avec éloge l'adjudant-général Lavalette, le chef de brigade Lebaron, et surtout le capitaine de la 8e. d'infanterie légère, Mathieu, qui, lorsque les Autrichiens enlevèrent, pour la seconde fois, Pozzolo, s'enferma, avec 30 chasseurs, dans une maison, et s'y défendit avec obstination jusqu'à ce que l'attaque, qui nous donna la victoire, l'eût délivré.

Le général Brune, n'ayant pas approuvé le plan de passer le Mincio sur le seul point de Molina-della-Volta, il se prépara à le passer à Mouzambano, rappela le corps de Suchet, auquel il ordonna de faire repasser le pont de Pozzolo à celles de ses troupes qui avaient secondé le général Dupont, et de laisser une seule brigade en observation devant Borghetto; le général Dupont reçut l'ordre de garder l'offensive, et de manœuvrer vers Valleggio, selon qu'il jugerait, par les mouvemens de l'ennemi, des succès du passage de Mouzambano.

Dès cinq heures du matin (26 décembre), 40 bouches à feu balayèrent la rive gauche, et protégèrent le passage du chef de bataillon Devilliers et de six compagnies de grenadiers: à neuf heures, un pont était achevé; à dix, le général Delmas, formé en quatre colonnes, occupait la rive gauche; cependant, le comte de Bellegarde, en position devant Pozzolo, et croyant avoir toute l'armée française en présence, prit d'abord la canonnade de Mouzambano pour une fausse attaque; il resta dans sa position jusqu'à ce que le brouillard se dissipant, il put apercevoir les mouvemens du corps de Suchet. Détrompé alors, il envoya de nombreux renforts au prince de Hohenzollern, qui occupait Valleggio et les redoutes de Saleonzo.

Mais, avant l'arrivée de ces secours, le centre

des Autrichiens avait été forcé par l'avant-garde française, qui s'était glissée entre Saleonzo et Valleggio, et le passage continuait avec tranquillité. Après un combat très-vif, nous gagnâmes les hauteurs de Valleggio ; mais à peine arrivés, nous en fûmes débusqués par une réserve de grenadiers hongrois ; le général Moncey vint à la tête de la division reprendre l'avantage ; mais, encore une fois attaqués par les Hongrois, nous allions céder le terrain, lorsque le général Oudinot, suivi seulement de quelques officiers de son état-major et de quelques chasseurs d'ordonnance, osa charger nos ennemis ; arrêta leur charge, pénétra le premier dans leur rang, sabra tout ce qui l'entourait, marcha sur une pièce de canon, l'enleva lui-même aux canonniers, qu'il força à prendre la fuite, et la conduisit du milieu des rangs ennemis dans les nôtres. Cette action étonna l'ennemi, enflamma nos soldats, et décida du succès. Valleggio, où les Hongrois se retirèrent, fut vivement défendu, et chaudement attaqué. Pris, et repris trois fois, il resta entre nos mains ; et, dans la nuit, le général Bisson emporta le château : 4 canons et 2,000 prisonniers restèrent entre nos mains.

L'attaque de Valleggio sur la rive gauche, avait été le signal d'une autre attaque sur la rive droite. Le général Lessuire, laissé devant Borghetto par Suchet, marcha sur cette place, et l'attaqua avec vigueur ; mais rudement repoussé par les Autrichiens, il fut obligé de remettre à la nuit une seconde attaque. Il se mettait en marche, lorsque le gouverneur, qui, par les progrès de nos divisions sur la rive gauche, se trouvait sans appui et sans retraite, demanda à capituler : 1,000 hommes mirent bas les armes ; 7 canons et 2 obusiers nous furent remis.

Enfin, toute l'armée avait franchi le Mincio le 26 au soir. Le général autrichien, qui, depuis le commencement de la campagne, avait perdu près de 15,000 hommes, songea à se retirer derrière l'Adige : il ordonna au lieutenant-général Hohenzollern de se retirer par Villa-Franca, fit évacuer les redoutes de Saleonzo, compléta les garnisons de Mantoue, Pescheira et Porto-Liguano, alla prendre position au camp Saint-Martin, sous Vérone. Pendant ce mouvement de retraite, il perdit 1,000 hommes, 2 drapeaux et 15 canons, que le général Delmas cerna dans Saleonzo, au moment qu'ils évacuaient ce poste.

Le général Bellegarde, informé de nos progrès en Allemagne et en Tyrol, songea à retarder notre marche, afin de pouvoir donner le temps aux généraux Landon et Wukassowich, qui avaient environ 20,000 hommes, de venir le joindre, soit à Vérone, soit à Vicence.

Brune s'empressa de suivre le plan que lui avait tracé le premier Consul : il marcha sur l'Adige, en suivant le pied des montagnes ; dirigea les généraux Moncey et Dupont sur Vérone, et fit investir Peschiera par le général Suchet, qui bientôt suivit l'armée, et laissa le général Dumbrousky, avec la légion polonaise, en faire le siége, sous les ordres du général Chasseloup-Laubat.

On se prépara à forcer l'Adige, et le général Brune employa à peu près le même stratagème que sur le Mincio, pour tromper M. de Bellegarde sur le point de son passage.

Le général Dupont attaqua Lomba et Sainte-Lucie, tourna cette dernière position, et s'empara d'un plateau qui domine Vérone. Pendant ce temps, l'artillerie et les équipages de pont se réunissaient à Bussoleugo. Le 30, une reconnaissance générale eut lieu sur toute la ligne, et on jeta quelques obus, qui incendièrent quelques maisons de Vérone. L'ennemi parut en force partout où il craignit une tentative de passage. Le 31 décembre, tous les préparatifs furent achevés. Le 1er jour de l'année 1801, fut marqué par le passage de l'Adige. Le général Michaud, avec la réserve, fit une attaque simulée, à Chievo, au-dessus de Vérone : à neuf heures du matin, 60 pièces en batteries à Bussoleugo, devaient protéger l'attaque véritable.

Les carabiniers de l'avant-garde se jetèrent sur la rive gauche : ils trouvèrent peu de résistance, et couvrirent les travaux des pontonniers. Ce fut à ce moment qu'un officier autrichien vint communiquer au général Brune la connaissance de l'armistice, signé par Moreau, à Steyer ; le général Bellegarde proposait une semblable convention ; mais Brune ne pouvait, d'après ses instructions, traiter, que si Mantoue, Peschiera, Ferrare et Ancône lui étaient remis : le général Bellegarde, au contraire, avait reçu l'ordre de tout sacrifier à la conservation de Mantoue ; on ne put donc être d'accord.

Le mouvement continua : l'avant-garde passa l'Adige, toutes les divisions la suivirent, et le 2 toute l'armée était réunie sur la rive gauche de l'Adige.

Pendant ce mouvement, le colonel Margarou prouva, dans un combat qu'il soutint à San-Massino, de quel mauvais pas peut se tirer un chef courageux, doué de présence d'esprit. Ce colonel, n'ayant pas été prévenu d'un mouvement de rapprochement vers Bussoleugo, qu'exécutait la réserve, se trouva tout d'un coup enveloppé par de nombreux détachemens de cavalerie autrichienne, sortis du camp sous Vérone : il n'avait avec lui que deux cents chevaux et quelques pièces d'artillerie ; l'ennemi avait plus de 2,000 hommes. Le brave Margarou prend aussitôt son parti ; il marche sur San-Massino que la réserve venait d'évacuer, en chasse les Autrichiens, s'y établit, y soutient tous les chocs, charge à son tour, disperse les assaillans, et se retire avec 100 prisonniers.

Aussitôt que le général français se vit dans la vallée de l'Adige, il laissa une forte cavalerie pour contenir les garnisons de Mantoue et Peschiera; détacha son aile gauche, sous les ordres du général Moncey, vers le haut Adige, le laissant libre de manœuvrer comme il jugerait convenable; et lui, à la tête du centre et de l'aile droite, il marcha sur Vérone. Son avant-garde s'engagea dans les montagnes, pour tourner la ville et gagner les sommités qui la dominent. Il fallut creuser des chemins dans la neige et sur les rochers, traîner, et quelquefois porter les canons et les caissons; mais rien n'égalait l'ardeur du soldat, et tout obstacle s'aplanissait devant son zèle. Les autres divisions s'avançaient par la grande route; les avant-postes furent repoussés, et le général Colli enleva les hauteurs de San-Leonardo et de Taglia.

Le général Bellegarde évacua alors le camp de Saint-Martin, et se retira sur les hauteurs de Caldiero : le 3, les portes de Vérone nous furent ouvertes; et les troupes que M. de Bellegarde y avait laissées, se retirèrent dans les forts.

Le général Brune, pour éviter la jonction des corps d'armées de Landon et Wukassowich, avec le général Bellegarde, pressait le général Macdonald, que nous avons laissé à Storo, le 6 janvier, de marcher sur Trente : il lui restait encore vingt-cinq lieues à franchir à travers des montagnes de glaces.

De leur côté, les généraux autrichiens, dont la retraite sur la Brenta était menacée, craignant d'être enfermés dans le Trentin, tâchèrent de retarder la jonction de Macdonald et de Moncey, qui, après avoir remonté l'Adige, enlevé Rivoli et le château fort de la Chiusa, se trouva à Dolce, en présence du général Landon. Voyons comment ils réussirent à sortir de ce mauvais pas.

Le général Landon, après avoir laissé le général Davidowich dans la vallée de Sarca, réunit à Trente environ 8,000 hommes, et se porta à San-Marco, vers Roveredro : ce mouvement permit à Wukassowich et à Davidowich de gagner Trente, et de faire filer ses troupes sur la Brenta. Cependant Landon, vivement attaqué par Moncey à Dolce, à la Corona, n'eut que le temps d'évacuer le premier, en gagnant du temps par l'envoi d'un parlementaire ; mais à la Corona, que nous emportâmes à la baïonnette, il perdit, tués, blessés ou prisonniers, 600 hommes. A Cella, où il se défendit opiniâtrement, il fut encore battu, et perdit beaucoup de monde ; enfin, à Roveredro, où il avait réuni tous ses moyens, il ne fut pas plus heureux ; et nous y entrâmes le 5. Le 6, le général Moncey fut renforcé par la division Rochambeau, qui avait quitté Macdonald à Stozo. On se prépara à attaquer Landon qui avait réuni toutes ses forces, environ 18,000 hommes, sous le fort de la Pietra : sa position était désespérée ; car l'armée des Grisons, après une marche étonnante de quarante milles, venait d'entrer à Trente, après un rude combat, où le général Davidowich avait éprouvé de grandes pertes. Le jour même, malgré la fatigue des troupes, il porta ses partis sur la route de Roveredro.

Quoique les généraux Moncey et Macdonald n'eussent pas encore pu se concerter, la perte de Landon était assurée : il n'avait plus de retraite ; mais, par une ruse de guerre, ou plutôt par une communication astucieuse, il trompa la bonne foi du général Moncey, en lui annonçant qu'il venait de recevoir la nouvelle de la signature d'un armistice entre les généraux Bellegarde et Brune : le général français ne soupçonna pas la fraude, il exigea seulement que la Pietra et Trente lui fussent remis, afin de se rendre en diligence, selon ses instructions, à Bassano. Landon évacua donc tranquillement Pietra, se retira par Levico ; et le général Moncey marcha sur Trente, et rencontra bientôt Macdonald. Quels furent ses regrets et son indignation ! Le général Brune envoya sur-le-champ le général Davoust prendre le commandement de l'aile gauche ; mais celui-ci ne voulut prendre que le commandement d'une partie de l'avant-garde, et voulut obéir à celui qu'il devait remplacer : ils marchèrent sur Bassano.

Le centre et l'aile droite, que nous avons laissés en présence de l'ennemi à Caldiero, furent bientôt maîtres de cette position, en la faisant tourner. M. de Bellegarde, se retirant toujours avec ordre, abandonna Villa-Nova le 6, et alla prendre position à Montebello, où il couvrait Vicence et la plaine de la Brenta. Il fallut combattre, pour le débusquer de cette position, à Montecchio-Maggiore ; à Tavernelle, le choc fut terrible ; mais le succès ne fut pas douteux : les généraux Suchet, Dupont, Gazan, et surtout le capitaine Letort, se couvrirent de gloire. M. de Bellegarde ordonna la retraite, et le 8 janvier nous occupâmes Vicence.

Les généraux Wuckassowich et Landon, échappés comme par miracle à la poursuite de Moncey et Macdonald, se réunirent enfin au général Bellegarde, au-dessous de Bassano ; pour assurer cette jonction, l'armée impériale tint ferme à Armeola, et se réunit ensuite au camp de Fontavina. Le général Brune changea alors ses dispositions ; il rappela plusieurs divisions qu'il avait dirigées sur Marastica.

Moncey, après sa jonction avec Macdonald, marcha sur Bassano, avec une rapidité étonnante ; il y fut le 11, et atteignit l'arrière-garde de Laudon, qu'il fit charger par le 12ᵉ. de hussards.

L'armée franchit alors la Brenta : les Autrichiens n'opposèrent pas de résistance, et furent contraints d'évacuer Fontaviva : ils hâtèrent leur retraite à travers le Trévisau ; à Castel-Franco, seulement, il opposa quelque résistance, et feignit de vouloir livrer bataille pour arrêter notre marche et gagner du temps, afin de passer la Piave.

Le général Brune fit aussitôt ses dispositions ; Moncey reçut l'ordre de marcher de Bassano sur Riva-Secca et Ponte-di-Piave, pour couper la retraite à l'arrière-garde ennemie. Le général Michaud enleva Castel-Franco, et les autres positions furent successivement occupées par les divisions Suchet et Dupont, et le colonel Sebastiani alla reconnaître Trévise. Aux approches de cette ville, un parlementaire lui annonça l'arrivée du comte de Hohenzollern, avec les pleins pouvoirs pour traiter d'un armistice : il ne s'arrêta pas néanmoins, déclara qu'il avait ordre d'occuper Trévise, y entra, et alla prendre position en avant de cette ville. Le général Brune se rendit aussitôt à Trévise, où une suspension d'armes de vingt-quatre heures fut convenue avec le comte de Hohenzollern. Le général Marmont et le colonel Sebastiani furent désignés pour régler les conventions de l'armistice, qui fut conclu le 16 janvier 1801, et qui ne devait durer que vingt-trois jours.

Porto-Legano, Peschiera, Ferrare, Ancône nous furent remis; Mantoue resta bloqué à 800 toises du glacis, et la garnison et les habitans reçurent des approvisionnemens de dix jours en dix jours. La ligne de démarcation s'étendit des bords de l'Adriatique, en remontant la Livenza jusqu'à sa source, et de-là, à travers les hautes montagnes, allait rejoindre la ligne de l'armée du Rhin à Lienz, sur la Drave : l'armée impériale restait sur le Tagliamento. L'armistice était connu à l'armée des Grisons et aux corps autrichiens qui se trouvaient en Tyrol.

Quelqu'avantageux que fut cet armistice, Brune pensa qu'il ferait deux mécontens : le premier Consul, et Macdonal : mais l'armée française s'affaiblissait par les nombreux corps d'armée qu'il était forcé de laisser sur ses derrières pour bloquer ou assiéger les places fortes. En second lieu, l'armée était dans un pays totalement épuisé; et plus elle avançait, moins elle trouvait de ressources; et il craignait d'être forcé d'arrêter sa marche, peut-être de rétrograder pour se rapprocher de ses magasins, avec lesquels la saison et le mauvais état des chemins rendaient les communications presqu'impossibles. Il présenta ces considérations au premier Consul, qui ne voulut le ratifier, et qui menaça même de faire recommencer les hostilités, si Mantoue ne lui était remis. Ce fut la base d'un nouvel armistice, signé à Lunéville, le 26 janvier.

Quant au général Macdonald, ce fut à Trente qu'il reçut communication de cet armistice. Déjà mécontent de celui de Steyer, qu'il refusait de reconnaître applicable aux corps de son armée qui poursuivaient le général Auffenberg, il fut très-étonné qu'on ne l'eût pas consulté pour conclure celui de Trévise. L'armée des Grisons avait manœuvré en armée indépendante depuis le commencement de la campagne, quoique les instructions du général Macdonald lui ordonnassent de coordonner ses opérations à celles de l'armée d'Italie; il croyait donc qu'on le laisserait libre de conclure une convention particulière. Cette opinion était d'autant mieux fondée, que lui seul pouvait juger de la position où son armée pouvait s'arrêter, et des avantages qu'il pouvait tirer, par la suite, de la liberté de traiter séparément.

En effet, après avoir réuni toutes ses divisions sur l'Adige; le général Auffenberg, après avoir été forcé d'évacuer le haut Engadin, se trouvait cerné dans Botzen. Malgré les armistices, Macdonald ne voulait arrêter son mouvement qu'après avoir occupé Brixen et Prunecken, dans la vallée de la Drave; ce qui, en cas de la reprise des hostilités, l'eût mis à même de couper toute communication entre les armées autrichiennes d'Allemagne et d'Italie. Il faisait donc attaquer Botzen, lorsque le colonel Lenorman arriva à son quartier-général, de la part du général Moreau. A la considération de ce général, il fit cesser l'attaque, renonça à occuper Botzen; mais exigea le passage de ses colonnes qui descendaient par Meran. Moreau avait chargé le colonel Lenorman d'expliquer à Macdonald que lorsque l'armistice de Steyer avait été signé, ignorant les succès de l'armée des Grisons, il n'avait stipulé l'évacuation d'une partie du Tyrol méridional, que pour lui faciliter sa marche vers l'Italie.

Ainsi se termina la campagne d'hiver de 1800 à 1801 : la paix fut signée à Lunéville, peu de temps après.

Pour compléter le tableau des combats et des victoires des Français en Italie (1800 et 1801), nous allons donner un aperçu rapide de la lutte que soutint le général Miollis contre les insurgés de Toscane et contre les Napolitains, et de la reprise de l'île d'Elbe sur les Anglais.

L'ancien foyer de la révolte des paysans toscans, Arezzo redevint le rendez-vous des insurgés, dès que le général Dupont, qui avait si sévèrement châtié cette ville, eut été rappelé sur le Mincio. Comme nous l'avons déjà dit, le général Miollis fut chargé du commandement de la

Toscane, et un faible corps de 3,000 hommes devait y affermir son autorité.

Les intrigues de l'Angleterre, l'influence de l'Autriche armèrent facilement les habitans de la marche d'Ancône, qui vinrent se joindre aux Aretins ; tandis que le général Roger de Damas, à la tête d'une colonne napolitaine, traversa les terres papales, et se dirigea sur Sienne. Le général Miollis aussitôt dirigea une partie de ses forces, sous les ordres du général Pino, contre le général Damas, qui, pour attendre de nouveaux renforts, se replia sur les terres de l'Eglese ; avec l'autre partie il marcha sur Arezzo, où quelques partis autrichiens s'étaient réunis aux insurgés que le marquis de Sommariva commandait. Celui-ci se retira : les Aretins furent obligés de se soumettre. Nous nous vengeâmes par la clémence la plus complète.

Le général Pino ne tarda pas à être attaqué par les Napolitains, que de nombreuses colonnes renforcèrent. Sienne fut pris : nous nous retirâmes sur les hauteurs de Florence. C'est dans cette circonstance que le capitaine Mathey se couvrit de gloire par la défense de la citadelle de Sienne, avec 30 hommes, pendant quatre jours : il obtint une honorable capitulation.

L'armée napolitaine se grossissait ; les insurgés s'y rallièrent, et Sommariva y conduisit les Autrichiens qu'il commandait : sa force s'éleva à

15,000 hommes. Avec 3,000 hommes, le général Miollis marcha à sa rencontre. Le 14 janvier, le général Pino rencontra l'avant-garde napolitaine à Santo-Donato : attaquée aussitôt que découverte, elle est bientôt en déroute, et ne s'arrête que sous les murs de Sienne. Là, 5,000 hommes, bien postés, tentèrent d'arrêter nos escadrons ; mais bientôt culbutés, ils se réfugient dans la ville : le général Miollis survient, fait enfoncer les portes, et les pousse au-delà de Sienne, sur le chemin de Rome. Le comte de Damas accourt, protége et veut rallier les siens; mais les Piémontais et les Cisalpins, qui sont sous nos enseignes, réclament. malgré seize heures de marches et de combats, l'honneur de combattre encore. Le carnage recommence, et la nuit seule arrête nos succès : les Napolitains se retirèrent dans les Etats-Romains, et le marquis de Sommariva dans Ancône.

Cependant Murat, à la tête de 10,000 hommes d'élite, avait descendu les Alpes, et marchait à grands pas vers l'Italie méridionale ; bientôt son armée, portée à 30,000 hommes, approcha de la Toscane : La cour de Naples dut alors songer à la paix. Les Etats-Romains furent évacués à notre approche, et un armistice fut signé par la médiation de la Russie, à Foligno. La paix suivit de près la cessation des mouvemens hostiles ; elle fut signée à Florence, le 28 février

1801. Les conditions principales furent la cession de l'île d'Elbe, et l'occupation des ports et forteresses de l'Adriatique par les troupes françaises.

Murat reçut aussitôt l'ordre de se rendre maître de l'île d'Elbe, que les Anglais occupaient : c'était un point d'où ils soufflaient l'insurrection au centre de l'Italie. Pour l'exécution de cet ordre, le général Tarreau s'embarqua à Piombino, et dut prendre terre dans l'île d'Elbe, non loin de Porto-Ferrajo, tandis que 600 Polonais débarqueraient sous Porto-Longone. Ce fut le 1er. mai que ceux-ci abordèrent : ils furent chaudement reçus par les Anglais; mais parvinrent à se poster à Mariana. Le gouverneur napolitain, alors, exécuta les traités, et Porto-Longone fut remis le lendemain au colonel Mariotti. Le général Tharreau n'aborda que le 2 mai; il avait 1,500 hommes, et investit, sans difficulté, Porto-Ferrajo : il somma le gouverneur anglais de remettre la place, et celui-ci répondit : Qu'il ne céderait qu'à la force. L'amiral Gantheaume, qui se trouvait à Livourne, vint avec une escadre de 12 vaisseaux, menacer d'un bombardement; l'Anglais ne daigna pas répondre, et en fut quitte pour quelques bombes, qui ne firent aucun dégât. Le général Tharreau reçut l'ordre de bloquer la place; et on attendit que la famine nous donnât ce qu'on ne voulait pas arracher par la force.

Cependant, après trois mois d'attente, il fallut se résoudre à faire un siége régulier ; le colonel Acrey, qui commandait la place, avait 1,500 hommes, et était homme de cœur : il fut long. Sur la fin de juillet, le général Watrin et 5,000 hommes vinrent hâter les travaux; déjà la garnison souffrait lorsque l'amiral anglais Warren vint ravitailler les assiégés, et assiéger, pour ainsi dire, les Français eux-mêmes dans l'île. Le général Watrin, qui ne reçut plus les convois que Murat envoyait, et que l'amiral Warren enlevait, fut bientôt dans une position embarrassante : plus de vivres, plus de munitions. Quelques convois parvinrent cependant à entrer dans Porto-Longone : les travaux se poussèrent avec activité ; et une sortie, qui d'abord fut favorable aux assiégés, ayant tourné contre eux, fut le dernier combat important qui fut livré. Après cinq mois de siége, les préliminaires de la paix d'Amiens firent ouvrir les portes de cette forteresse, qui seule résistait à la fortune de Bonaparte.

Ainsi se termina la lutte qui, de 1792 à 1801, tourmenta l'Europe, et ravagea la Flandre, l'Allemagne, la Suisse et l'Italie.

FIN DU SEPTIÈME VOLUME.

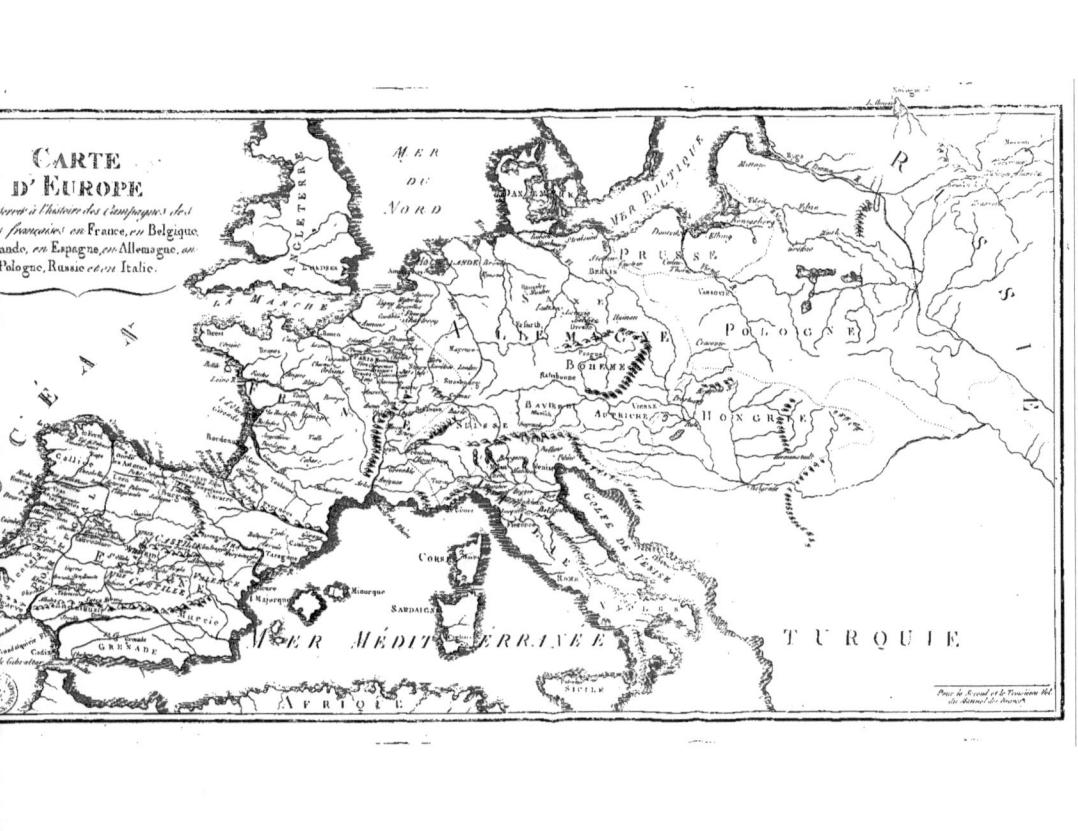

www.ingramcontent.com/pod-product-compliance
Lightning Source LLC
Chambersburg PA
CBHW051904160426
43198CB00012B/1747